鐵馬款款行

十場自行車的隨心浪遊

燦爛時光

一間只借不賣的書店，一處非主流的文化基地

推薦序

單車時代 轉出一百分感動

交通部觀光局 局長 周永暉

很多人都說，身為台灣人必走要做的三件事，就是登玉山、泳渡日月潭、以及騎腳踏車環島。這要回溯到二〇〇七年上映的台灣電影《練習曲》，描述一位學生在單車環島一周的過程以及途中所遇的故事，不僅帶起了騎單車及環島的熱潮，也激勵許多人決定出發、勇敢實現夢想。

二〇〇九年開始，觀光局也在公路總局、台鐵等相關單位共同合作下，發展福隆到台東之間的環島自行車路網。待硬體建設漸趨完善後，二〇一〇年，開辦第一屆臺灣自行車節，向全世界發出邀請，台灣不只是自行車製造王國，應該發展出自己的自行車文化。因此，二〇一七年我們結合台鐵彩繪列車，用喔熊代言自行車節，以打造「看到自行車，就想到台灣」的深刻印象。

轉眼十年過去，觀光局持續努力屬於台灣自行車「一〇〇分」的品牌，這個一百分的「一」，是從花蓮七星潭海拔〇公尺，一路騎到武嶺三二七五公尺，號稱自行車界的國道一號，發展出登山王ＫＯＭ的活動，全長一〇五公里，一路海拔上升，風景美麗多變、又富有挑戰性，吸引許多國內外好手來參加！

後面的兩個〇，一個是指「環島」，每年騎遇福爾摩沙活動，為期九天八夜，長征九〇〇公里，透過團隊的帶領，很多人完成了他們的環島夢。

另一個○是「日月潭環湖」，曾獲美國CNN旗下生活旅遊網站CNNGO票選為全球十大最美自行車道之一。小圈圈三十公里，最適合親子旅行，春天賞櫻、夏天賞螢，秋天來參加日月潭Come!Bikeday，冬天以祈福為號召，日月潭鄰近的文武廟、龍鳳宮、玄奘寺，以及坐落涵碧半島上的耶穌堂，跨年或春節出遊時，適合全家大小騎自行車遊湖，同時造訪廟宇，祈求健康平安。其中從水社到向山遊客中心最美，還有一段最貼近水面的約○．四公里，臨水而行，根本是水上自行車道。

除了這三項臺灣自行車節的軸心活動外，陸續加入台中自行車嘉年華、Light up Taiwan極點慢旅及花東海灣自行車漫旅，以及結合地方政府及各風景區管理處的系列活動。二○一八年自行車節參與人數共計十一．五萬人，總產值來到二．三八億元。接下來將納入澎湖跳島騎遊的小環島路線，提供更多元的選擇。有如嘉年華般的臺灣自行車節，是讓想嘗試單車旅遊的民眾，好入門的一種方式，選擇難易度和喜歡的旅行地點，跟著車隊、車友一起行動，互相學習成長，一旦出發了，就會發現沒有這麼困難！

旅行喜歡騎一段的朋友，一定要來台東關山兜兜，這裡有全台首座觀光休閒專用自行車道。建於一九一九年歐風建築的關山舊火車站，提供自行車補給，也帶起花東騎自行車的旅遊風氣。另外像是舊草嶺自行車道，是全國第一條將火車隧道再利用為自行車道，在夏天騎乘尤其舒適涼爽！每當火車經過，還可聽到隆隆火車聲，很受鐵道迷喜歡。

二○一五年迄今，完成了環島一號線及二十五條環支線，共計二六八九公里環島路線及聯絡線，並持續打造友善自行車的環境，不斷升級，希望透過時速二十公里的自行車騎乘，讓國內外的旅人深度體驗台灣各地不同的風土文化、與鄉親互動，那正是台灣想要送給世界旅人，最美的禮物和旅行回憶。

推薦序

夢想中的旅程　我們準備出發

捷安特總經理　鄭秋菊

二〇〇七年捷安特創辦人劉金標先生以七十三歲高齡完成環島挑戰，激起很多人心中的夢想，帶起一波單車熱，對於台灣的自行車旅遊是滿重要的里程碑。在那之後，內部員工、通路夥伴紛紛投入單車環島，我常開玩笑說，在這間公司你沒有環島，跟別人是搭不上話的。

以前，我們可以說捷安特是一間很擅長製造、行銷自行車的公司，直到自己真正踏上單車環島之路，發現唯有親身體驗，才有真實動人的故事可以分享。

源於幾次環島的經驗，我們也從中看見消費者的需求，在十年前成立捷安特旅行社，協助每一個人完成夢想旅程。自行車旅行可以是運動健身，也可以是公司、社團的人際交流，有現在很夯的武嶺挑戰，也有像是花東、墾丁、日月潭等輕休閒的行程。除了基本的行前自我訓練，也要找到「對的人」：選擇有經驗且專業的團隊，是享受自行車旅行很重要的關鍵。

我非常鼓勵每個家庭都能嘗試環島，日常生活裡頭，父母不可能一天八、九個小時都和孩子膩在一起，卻能在九天環島中親密相處，彼此相互協助，既是親子也是朋友，無形中一家人更緊緊相繫。現在很多學校會舉辦單車環島作為畢業生的成年禮，我常看很多孩子出發時一臉白淨，回到終點時，臉上的笑容和散發出來的熱情，完全都不一樣了。其實自行車旅行最困難的是決定要出發，而不是中間能不能完成。每個過程都有體會跟更深刻的理解，很多事情要靠自己的力量去完成，每次活動結束，總有滿滿的感動。

近幾年E-bike（電動輔助自行車）風潮襲捲全球，鼓舞更多人願意嘗試自行車生活。不管是兩年前的「魅Liv 50．夢想騎行」帶著媽媽們環島「走出家庭、騎出幸福」，或是今年我和經銷商夥伴們挑戰高難度的「台灣屋脊中央山脈縱騎」，都是希望讓國人知道E-bike的好處，輕鬆享受騎乘樂趣。我們也很驚喜發現，台灣有越來越多人開始使用這類產品，以不同的節奏和角度來認識台灣。

台灣是世界第一的高級自行車生產地，也是全球自行車生活文化流行訊息的發訊地，就像你想到LV會想到法國一樣，只要想到自行車就會想到台灣。從高山到大海、平原到丘陵、鄉村到城市，短時間內可以享受多樣性的騎乘景色；多元族群文化，交織成豐富的旅遊體驗；從米其林到夜市小吃的美食之島，「環島一圈、胖了好幾圈」；完善的自行車道、密集的自行車驛站，甚至捷安特全台直營門市皆有單車友善服務，可以日租、長租、提供甲租乙還，建構出最具優勢的自行車旅遊網絡。

綜上所述，我們可以自豪地說，台灣是全球最棒、也最適合自行車旅遊的地方。捷安特旅行社一年出團超過兩百五十梯、服務旅客超過八千人次，其中有百分之三十五為外籍人士。觀光局每年推動的旅遊主題，像是二〇一九「小鎮漫遊」、二〇二〇「脊梁山脈」，其實都非常適合用單車旅行。希望二〇二一「自行車旅遊年」能讓全世界看見台灣，也期待「騎遇福爾摩沙」成為全球旅人的亮點行程。

（採訪整理　微笑台灣編輯團隊）

目錄

CONTENTS

獨自旅行

揪朋友

雙雙對對

一家人

10 YEARS

臺灣自行車節 10年大事記

「有些事現在不做，一輩子都不會做了。」二〇〇七年電影《練習曲》，讓自行車環島正式寫入台灣人的夢想清單。

二〇〇九年開始，交通部以「東部地區自行車路網示範計畫」為先鋒，發展福隆至台東的環島行車路網，並在二〇一〇舉辦第一屆臺灣自行車節，以競賽、休閒類型規劃系列活動，邀請旅人騎起來！體驗台灣在地之美。

2010

舉辦**第一屆臺灣自行車節**，首波活動以鐵人三項及兩百公里自我挑戰賽揭開序幕，共有十四國十六車隊國際知名好手共襄盛舉。

2011

東北角舊草嶺環狀線自行車道正式啟用，全長約二十公里，橫跨新北市與宜蘭縣。穿越舊草嶺隧道後，沿著台二線單車專用車道，經過石城、三貂角後返回起點福隆。

台灣盃（TAIWAN CUP）國際公路邀請賽，花蓮市六期重劃區出發，從花東縱谷進入玉長公路後，由台十一海岸線折返，全程約二百公里。計邀請十一國九隊四十三位國外選手，共計十三個國家地區一百五十一人參賽。

2012

日月潭 Come!Bikeday 包辦競速與休閒，三十公里環湖自我挑戰及十公里單車逍遙遊，騎一條美國CNNGO頻道評選為全球十大最美的自行車道。

2019 2018 2017 2016 2015 2014 2013

結合多元的在地文化，推廣不同自行車路線，像是**「趣西拉雅・大埔瘋單車」**、**「八卦山脈美利達盃 & 單車嘉年華」**，用單車速度深入在地。

騎遇福爾摩沙 Formosa 900 參與團隊逐年成長，第四屆共有二十團、超過五百人參與，外籍車友約佔二十四％，九天環島里程超過九百公里，其中澎湖騎士團從馬公出發，三天兩夜逆風跳島西嶼、吉貝。

自行車環島 1 號線正式通車，以台一線和台九線為主軸，主線全長九百六十八公里，並設有南投、大鵬灣等支線約二百三十五公里，總計一千二百〇三公里。

第一屆「**花東海灣盃自行車挑戰**」，除了長程的三百、一百五十、二百三十六公里競速型挑戰賽，另有適合全年齡一起參與的休閒型——關山自行車二十二公里逍遙遊。

首度邀請「喔熊組長」擔任自行車節代言人，推出「**全民尋找喔熊組長**」活動，九月在台北、台中、台南、高雄共有一千台「喔熊組長計程車」，十一月台北捷運板南線「喔熊組長彩繪捷運列車」行駛一個月。

環島 1 號線 0 K M 起點啟用，以台北松山車站廣場為〇公里出發點，設置「喔熊組長」意象，為所有出發環島的騎士加油打氣。

第六屆「**臺灣自行車登山王挑戰**」，共有三十二個國家、五百九十二位車友報名，其中外籍選手共三百一十八位，首次超越台灣騎士人數。

Light up Taiwan 極點慢旅首次納入自行車節系列活動中，以台灣極東「三貂角燈塔」、極西「國聖搭塔」、極南「鵝鑾鼻燈塔」、極北「富貴角燈塔」為點，以單車連線的方式環遊台灣。

鳳林／關山小鎮自行車逍遙遊，在台灣第一個國際認證的慢城小鎮「鳳林」，及一九九七年啟用、擁有台灣第一條環鎮型自行車道的「關山」，以騎單車闖關打卡的趣味方式，輕鬆認識小鎮風光。

一種速度

一種角度

出發了，就不難

屏東枋寮（攝影 陳應欽）

台南府城

TAINAN

單車攝影師
鑽進巷弄找風景

文 張雅琳 高嘉聆
攝影 張界聰

單車攝影師
安森（黃鈺宸）

單車攝影師。高中開始愛上攝影，真實世界裡的正職身分是遊戲產業人員（a.k.a. 狂熱動漫宅）。喜歡用相機記錄，分享旅行所見所感，為了累積作品，曾單車環島兩次，二〇一八年用五十五天完成「日本北海道－九州」單車縱斷路線，預計二〇二〇年挑戰被法國雜誌 Le Cycle 譽為世界十大困難賽事之一的「台灣 KOM 自行車登山王」。

獨自旅行 城市單車奇遇記　停留時間 3 天 2 夜　預計騎程 40 公里

換口味 沒有路線的老城浪遊

台南獨自旅行第二天 單車攝影師安森在祀典武廟（攝影 安森）

西門路二段365巷（攝影 安森）

當單車成為一種日常，「騎久了偶爾就想換口味。」平時主要騎公路車、在北部多半走訓練型路線的安森這麼說。「車友間約騎比較像練習，有時想跳脫一下找地方玩，一樣是騎車，但不要那麼hard-core（激烈）。」

過去單車環島，只是經過地圖上大部分的縣市，卻少在同一地區駐足停留，於是安森複製過去自己勤跑日本單車旅行的經驗，嘗試規劃國內的城市單車路線。對宜蘭長大、台北工作的他來說，南部縣市相對陌生，查找資料時，近年來自成一種旅行風格的「台南」，抓住他的目光。

打開巷弄驚喜包

「台南人口不像北高密集，卻有著一線城市的規模；這裡曾是台灣首府，是全台最『廟』的地方，處處散發舊城風華的歷史底氣；隱身巷弄的設計小店，帶來老宅翻新的潮流文創。」細數台南優點這麼多，好地方，不去嗎？正是這股永遠都在變化的新舊交融，吸引安森背起相機、踩下踏板，浪遊騎進府城巷弄裡，也騎進了它的歷史與現在。

重新定錨自己對台南最深刻的場景，正是那嘈雜卻充滿生命力的街道氛圍：櫛比鱗次的小吃店，雜亂的店招，人車交錯的街景，都是毫不矯飾的日常。騎進小巷就像打開旅途驚喜包，總讓他想一探究竟。

「這裡的巷道不是那麼規則的井字形，照著路線騎反而不好玩。」好比解題時有無限多種演算方式，答案不是唯一的重點，選定了下一站卻偏離軌道的劇情，在安森的旅行日記裡頭頻頻上演，「原本要騎這條路，但半路上看到另一條有趣的巷子就會想試試。」安森笑說甚至一開始不設定路線也沒關係，「樂趣就是亂騎。」意料之外的旅途，驚鴻一瞥發現的新目標，讓繞遠路也是一種浪漫。

太古101咖啡（攝影 安森）

隨心所至的佛系行程

不同於公路車長途騎行，城市旅行的步調走走停停，不用急著趕往下一個目的地，成了安森口中的「佛系行程」。

他以「民生綠園」圓環為界，將市區劃分一半，第一天重點放在孔廟商圈、友愛東街、青年路和衛民街這一帶，老屋改建的咖啡店、民宿、雜貨設計店都是賞遊重點。比起上網找資訊，安森更喜歡「深入現場」獲得第一手的在地情報。獨立書店、選物店販售或是供旅人取閱的地方刊物，偷偷洩露最貼近生活的訊息；傳統的方式也最直接，跟店員聊上幾句，總能探聽到附近有哪些值得吃喝走逛的情報。

「大家總覺得要往深山或偏遠地方走，才能欣賞台灣的美，但騎單車要去到那些地方，必須具備一定的程度。」在城市裡兜轉就不同了，「整個台南市中心就算繞一圈，不過十幾二十公里，即使平常沒有騎車的人也可以嘗試。」散落在不同商圈的風格店鋪，光靠步行很難在一兩天內盡興走逛，單車讓旅人擴大守備範圍，是探訪城市的最佳移動方式。

用雙輪的力量追逐夢想

回憶自己認真騎車的起點，是大學畢業那年聽了《島內出走》作者FROG蛙大（楊明晃）的演講，安森和朋友深受感召，一行四人租了十五天環島專用單車就出發。他大笑說：「環完一圈回來後，覺得這輩

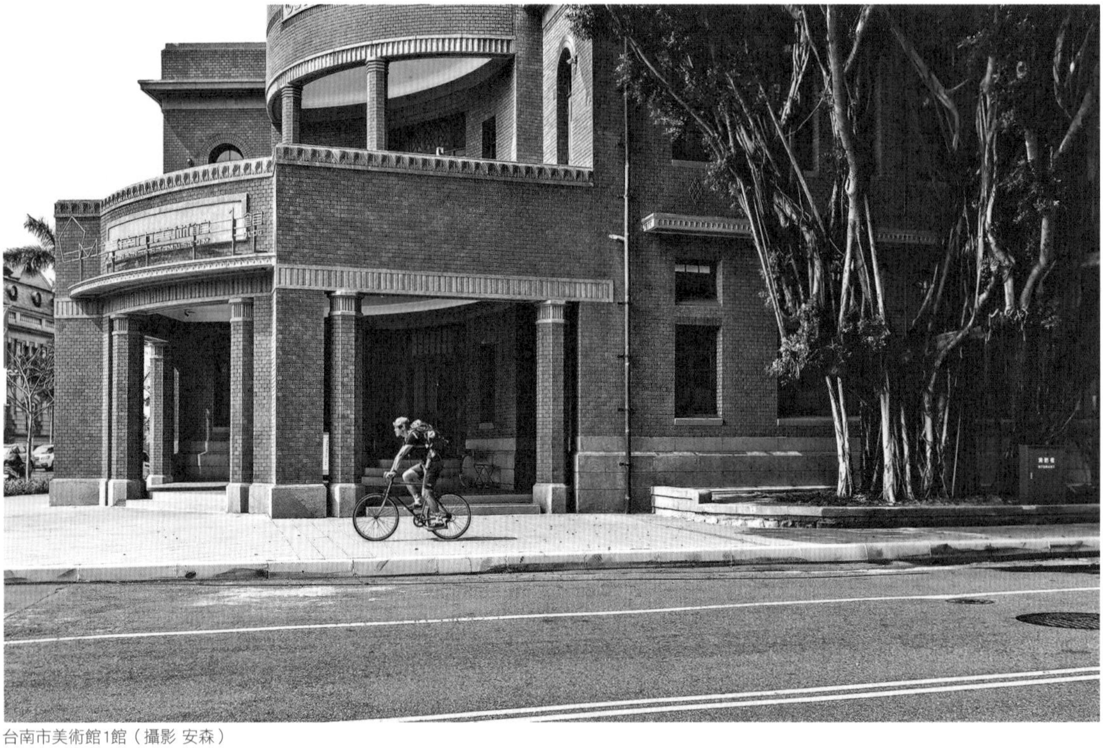

台南市美術館1館（攝影 安森）

子再也不要騎腳踏車。」有趣的是，隨著時間過去，卻開始對騎車念念不忘，甚至工作後存到第一筆積蓄就買了單車。

這趟人生壯遊，也讓他找到攝影的創作主軸，「有個旅行目標，拍攝更有手感和故事性，而不只是單純覺得漂亮就拍。」他將部落格取名為「Round of the Dream」，意味著用輪子的力量來追逐夢想。

為了讓欣賞照片的人也能身歷其境，安森練就一套邊騎邊拍的好身手。透過真實踩踏的視角，捕捉飄揚的衣角，記錄了風的流動，「也是那些時刻讓我感覺到，即使拍的是別人，但也有我自己在裡面。」

據聞環島的車友間流傳這麼一個說法，「聞到香味」就知道台南快到了！安森笑說不容易踩雷確實也是浪騎府城的美妙之處。不過，這樣一座滿載台南人自傲的古都，在諸多封號、打卡熱點加持之外，安靜度日、濃縮了歲月與生活感的巷弄，或許更是讓旅人願意遠道而來的風景。

上圖 神農街（攝影 安森）
下圖 台南市美術館2館

01 友愛街旅館

閱讀休眠煮早餐

「不同於長途單車旅行，停留城市的玩法，需要考量隨時可以回去休息、單車有安全的停放空間，選擇一間好旅館就非常重要。」安森相中的是位於台南市區中心的友愛街旅館，雖沒標榜單車友善，但只要自行備鎖，地下室有車位可供停放，而且位置便利，到各大景點都不費力。

旅館以東是一條串連當代與過去的文史走廊，從嶄新的台南市美術館，一路延伸至孔廟、台南州廳、鶯嶺一帶，見證台南各時代的樣貌與興衰。以西是老台南人的娛樂所在，到西市場選布料訂做新衣、去沙卡里巴吃老字號小吃、在委託行買進口舶來品，曾幾何時，熱鬧非凡，如今遊走其中，有另一番感受。

住過友愛街旅館的旅人，大概都會留下深刻印象。上下鋪的背包客房型，一晚七、八百元的價位很親切不說，高規格的完善設施是讓安森列為下榻首選的關鍵，有氣氛的戶外露台空間、二十四小時不打烊的飲食選書店，還有寬敞的開放式廚房，烤箱、微波爐、咖啡壺、鍋碗瓢盆，甚至是基本的調味料都一應俱全，「更棒的是對面就是傳統市場，方便現買現做！」隔日早晨，安森就為自己料理了一份熱騰騰的早餐，成就感滿載。

硬體設備講究，氣氛的營造也不馬虎，閱讀、音樂、香氛三大元素，是館方的小心機，藉此建構起自在放鬆的氛圍。

辦理 Check-in 時，每位下榻旅人連同房卡，會拿到一本關於台南的書，內容隨機，橫跨旅行、飲食、歷

攝影 安森

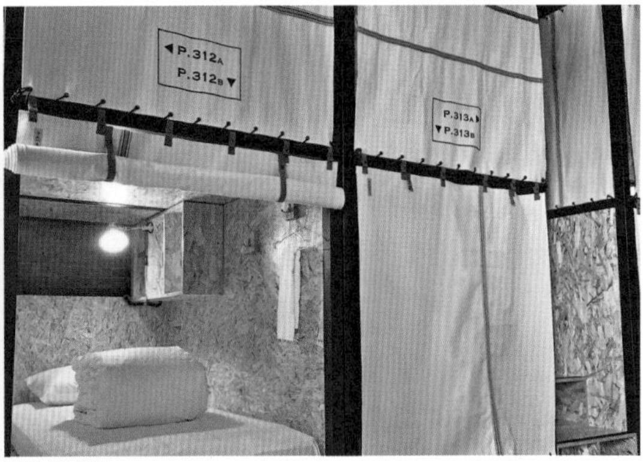

攝影 高嘉聆

史、文化、攝影等主題，撩起人們探索台南的好奇。房號也有玄機，數字前的 P 代表 Page，旅人入住就像是為友愛街旅館這本書，寫下一頁頁故事。這間旅館，不只理性，還帶點感性。

音樂及香氛是館內另一靈魂，讓浮動的心逐漸定下來，以自在的一面與旅行相處。不論在大廳、走廊、公共空間，甚至至背包客房的公用衛浴，到處都有符合當下氣氛的音樂響起，以及清爽恬靜的氣味滿貫身心，一樓大廳也有一面黑膠唱片牆，供住客取用欣賞。

這家旅館連旅人的心靈都照顧到了，難怪安森說：「我去日本也曾住過一些高檔的青旅，比較起來，這裡真的不輸。」

低調街角的生活百景

02 信義街與兌悅門

為了呈現特別的畫面，安森帶著相機騎行尋覓拍攝場景時，發現了信義街，「這裡的名氣沒有神農街響亮，遊客也沒那麼多。走在街上，相隔幾步路就有設計小店，」他進一步補充，「這裡比較是有生活感的巷弄，而不是商圈。」

信義街上的石板路有點古樸感，街口的兌悅門，建於一八三六年（清道光十六年），是現今府城中唯一還有在通行的城門，登上磚造階梯，高角度俯瞰信義街，想像一下久遠以前，過了城門後這裡就是水路，為五條港中的新港墘港，載著咾咕石當作壓艙石的船隻在這裡來來往往，滄海桑田，如今城門已成古蹟，周遭地貌也大為不同。「到了城門外就是一般街道，」安森尤其喜歡穿梭城門的瞬間，「有種小小的時光穿越感。」

他在途中買了咖啡及素食的小來刈包，來到城門旁的廟前樹下悠哉品嘗，再逛逛街上小店。如同台南其他街區，信義街上也有許多老房子，

小來刈包顛覆想像，
煙燻茶、京醬糖醋、三杯花枝等口味做成奶蛋素刈包，
是適合解饞的台式創意小點。

現今進駐不少特色店家，器物選品店、無菜單餐館、搖滾老酒吧、生活感民宿等，古老城門與新創生活小店相互輝映，再度體現了台南新舊包容的魅力。

不論白天、夜晚來訪，這條街不吵不鬧、悠閒自在過著日常，有時還會有孩子在街上嬉笑奔跑。所謂生活，在這裡找得到。

03 漁光島

台江內海 小漁村裡找浪漫

安森笑說漁光島一開始完全沒有排進行程內，「我甚至都不知道有這個地方。」旅行有時就是帶點驚喜，他在咖啡店翻閱雜誌時，偶然發現漁光島藝術節的訊息，因此臨時起意造訪這個距離市區僅約六公里的濱海小漁村。

他想起曾造訪三年一次的日本瀨戶內國際藝術祭，台南的漁光島也舉行了兩年一度的藝術節，同樣邀請國內外藝術家，結合地景進行創作和展演，「一直以來，我們常羨慕日本好像什麼都很漂亮，反過來看，我認為台灣比較欠缺的是藝術美學的養成。」安森表示，透過漁光島的藝術節、台南巷弄美學，都讓他感受到在地對於生活美感的重視，不但與生活緊密相依，在保有當地特色的同時也能接受新的創作、思想加入。

攝影 安森

藝術節以外的漁光島也不讓人失望，蓊鬱的防風林步道、美麗的月牙灣沙灘是吹風、踩水的好所在，傍晚來訪，夕陽餘暉掛在天邊，是漁光島一日當中最浪漫寫意的時分。走在沙灘上，浪潮輕輕在腳邊來去，彷彿也為旅行道下離別的呢喃。

行動補給包

城市單車：市區騎車不需要限定車種，以輕便、騎乘姿勢舒適為佳。
記得上鎖！自備鎖匙，停放在店家門口或單車架上，長時間駐足也不擔心單車失蹤。
安全至上！市區車流量大，小巷內則要留意人車交會，經過店家時請放慢速度。
友善單車住宿：事先確認旅宿是否有停放單車的地方。
安森提醒：平時以騎乘時間、行程來決定是否穿車衣，城市路線輕鬆休閒為主，不需太緊繃，但也不要穿牛仔褲！
公共單車 T-bike：大台南地區共 61 個租借站，可使用一卡通、悠遊卡、信用卡租借，每 30 分鐘 10 元。

騎過不錯過

Round of the Dream
koukouphoto.blogspot.com
Facebook 請搜尋：Round of the Dream - 安森

U.I.J Hotel & Hostel 友愛街旅館
台南市中西區友愛街 115 巷 5 號
06-2218188
Facebook 請搜尋：U.I.J Hotel & Hostel - 友愛街旅館

漁光島
台南火車站搭乘「市區公車 14 線」至億載金城站下車，租借 T-bike 前往漁光島。

小來刈包
台南市北區長北街 35 號
0960-599707
Facebook 請搜尋：小來 刈包（素）

太古 101
台南市中西區神農街 101 號
06-2217800
Facebook 請搜尋：太古 101

台南市美術館
1 館 台南市中西區南門路 37 號
2 館 台南市中西區忠義路二段 1 號
06-2218881

台東。花蓮

TAITUNG
HUALIEN

馬來西亞藥師
縱谷旅行覓咖啡

文 高嘉聆
攝影 羅正傑

艸樂自家烘焙咖啡
陳勁豪

曾在台灣就學、工作、生活二十年的馬來西亞籍藥師，如果說藥師是他的第一人生，那「單車╳咖啡」的「單啡」生活，無疑是他的第二人生。二〇〇九年隨著台灣單車熱，開啟了一場環島行，自此落入慢速旅行的魅力，後因接觸精品咖啡，開始在旅行中尋訪有故事的咖啡館，跟著他以喝咖啡的視野看台灣，別富滋味。著有《啡騎不可》，為第一本以單車環馬來西亞半島為主題的中文書，記錄二〇一四年那段橫跨六十一天、兩千八百公里的旅程。

獨自旅行　半騎半咖啡　停留時間 5 天 4 夜　預計騎程 160 公里

台十一線往成功，途經八嗡嗡海岸（攝影 陳勁豪）

半旅半咖啡
捨不得騎太快
朋友們在花東縱谷等我

「如果，你問我這輩子有一個必去的地方，會是哪呢？我想我會毫不猶豫地告訴你：花東！」馬來西亞是陳勁豪的原鄉，而台灣花蓮、台東則是他心中的烏托邦。二〇〇九年的單車環島行種下與花東的緣分，一路上艱辛與歡樂交雜，是他畢生難忘的旅程，「尤其在花東，少了車窗的隔絕及城市的紛擾，五官完全被釋放，讓我感受到這片土地帶來的寧靜及人情味，稀釋了日常生活的壓力和緊張，教人捨不得騎太快。」

環島之後，由於當時在台北的工作繁忙，陳勁豪對花東的憧憬只能停留在嚮往而無法繼續前進，直到二〇一六年他因《啡騎不可》的出版，獲邀到花蓮富里的低調民宿舉辦分享會，在民宿主人阿愷身上，感受到花東人的熱情和無私分享，因而結識不少在地朋友，彼此互相交流、打氣，讓他重拾與花東那份未盡的緣分。「後來只要一有時間，就會把握機會到花東騎車、放空，曾經在短短半年內去了六、七趟，越陷越深。」

池上 伯朗大道旁的田間小路

台九線 六十石山（攝影 陳勁豪）

九加十一 騎士與山海最美距離

花東線最令人嚮往的就是山與海的距離很近，若在剛好的時間點來一場公路騎行，一邊海浪，一邊稻浪，說是世界級的美景也不為過。

陳勁豪最喜歡沿著花東海岸公路台十一線北上，「雖然逆風讓人騎得很崩潰，但遙望無邊際的太平洋，聆聽海浪拍岸，心境不自覺就放鬆，煩惱也隨風而去。」另外，他也嘗試在台九線延伸的縣道、鄉道裡穿梭，「時而碧綠、時而金黃的稻田，依偎在中央山脈的懷抱，四季的風溫柔吹拂。午後眺望海岸山脈就快被雲瀑吞噬的情景，對喜歡攝影的我而言，真是不可多求的畫面。」他描述的花東很有畫面，有如歷歷在目。

不過，他有個罩門，「唯一美中不足的，幾乎每次去花東騎車都會遇上下雨。」因此當地友人總是開玩笑說，只要花東一下雨，陳勁豪就會出現，根本是「雨神」。

用一杯咖啡 體會停留的美好

以往他騎車到台灣各地旅行，一心只為了將山巒海景的美好留在心裡，咖啡館從不是他旅程中會逗留的選項，直到後來受到精品咖啡影響，彷彿打開他另一雙眼睛，開始在旅行中隨機到當地的獨立咖啡館坐坐，靜靜欣賞咖啡師專注沖煮咖啡的神情，藉由觀察、閒聊，仔細閱讀每家咖啡館一路走來的故事。如同單車、如同花東，他對咖啡的鑽研慢慢無可自拔。

「人生真的很奇妙，一旦時間到了，就會自然地去做一件不曾想過的事，就像我出社會前，其實很少喝咖啡，因為每喝三合一即溶咖啡必定會心悸、手抖。」陳勁豪大概沒料到，咖啡會為他開啟第二人生。現在的他，是一家咖啡館的老闆，在馬來西亞經營「艸樂自家烘焙咖啡」，加入自身的醫療專業，提供客人舒服享用咖啡的建議，而他也從每日的咖啡沖煮中，獲得自我沉澱與尋得一方平靜。

每到花東騎車，他總會拜訪許多咖啡館，建立起無比珍貴的友誼，如台東市Deep Coffee的相見恨晚、與富里鳳成商號驚喜相遇、池上小安比樂的相知相惜，以及在走走池上流連忘返等，一籮筐的名單數不清。陳勁豪的花東咖啡推薦，可以連說上好幾天。

與火車搭配　單啡路線更自由

對他來說，單車旅行是一種隨興、慵懶、視個人腳程而定的修心之路。

花東無處不風景，多得看不完，他所規劃的花東「單啡」路線，有時里程很長、有時很短，有時路程筆直單調、有時崎嶇富挑戰性，可視個人狀態拆解或組合騎行，而且火車便利，中途穿插幾段拎單車上區間車作為鄉鎮間的接駁，也是不錯的選擇。

洋洋灑灑五天四夜的花東騎程，或許會讓人覺得舟車勞頓想打退堂鼓，從前的他也是抱持相同想法，「但在試過一次後，我發現旅程所帶來的收穫其實更甚於辛勞，」陳勁豪最後熱血地補充：「不經歷風雨，怎麼見彩虹！」

台十一線國慶限定，台東長濱往花蓮玉里（攝影 陳勁豪）

上 池上油菜花田
下 艸樂自家烘焙咖啡 陳勁豪（照片提供 陳勁豪）

01 Deep Coffee

Deep Coffee 楊荏翔

手沖一杯 敢做夢的勇氣

「會推開這家咖啡館的門，純屬意外。」一次花東騎行中，陳勁豪在台東市逗留，晚餐後騎車四處閒逛，沒想到與Deep Coffee的老闆「小楊」楊荏翔結緣。小楊笑著補充，「因為店開在小路內，多數客人是專程來，比較少過路客。」能夠相遇果真是偶然與巧合。

第一次見面，兩人就聊得天南地北，相見恨晚，甚至相約每年都要見一次面。或許是因為小楊移居台東，與陳勁豪到花東旅行，有著類似心境。小楊的成長經歷中，曾在高雄、桃園、花蓮、台北等地生活，雖然父母是台東人，卻對這個地方既熟悉又陌生。一如大城市裡，每天被緊湊步調壓得喘不過氣

的人們一樣，在從事保險業十年後，他決定跳脫既有環境，選擇台東市作為落腳處，即使咖啡館收入不像過去豐厚，「但來台東以後，才知道什麼叫踏實。」

小楊興趣廣泛，喜歡咖啡、蒐藏老物，加上曾有中西餐的實務經驗，店內雖然空間不大，但細看每個角落的桌椅及擺設，便能體會陳勁豪所說的品味十足，入口處還停放一台尚在服役的偉士牌。僅有一人作業，菜單上的品項卻不少，對甜點很有一套，他端出芝麻生乳酪蛋糕，看似平凡，但吃一口就讓人眼睛發亮，原來是加了桂花釀，那股幽香在喉間停留久久。

未來，小楊還有夢想。愛做菜的他想開深夜食堂，賣暖胃也暖心的獨門料理；藏古書的他，想結合紅酒品飲，創立少見的珍本閱覽室；收舊貨的他，想結合收藏與興趣，打理風格選物店。看來，在台東沉澱後的人生，似乎更有做夢的勇氣了。

02 鳳成商號

咖啡農夫 品出稻米風味輪

出了富里車站，走沒幾步路就到這間由五金行改造的咖啡館。陳勁豪說，「很難想像富里居然隱藏了一間潮農咖啡館。」他口中的潮農就是老闆陳律遠──富里的返鄉青年，最早與弟弟一起打理附近的「邊界。花東」民宿，咖啡館只是附設在民宿的一隅，後來將自家五金行改造，店名取自父母親名字裡各一字，成為旅人到此的咖啡驛站，也是推廣在地農產的平台。

清晨時分，陳律遠換裝下田，展開一日之初；結束農活，他回到店內煮咖啡，打理店鋪日常。身為農夫，他感慨人們雖然天天吃飯，卻很少認真品味米的滋味，在近來生酮飲食熱潮下，米飯還從飲食的主角退居配角，「台灣明明有很好吃的米，大家卻不熟悉。」然而，咖啡師的身分帶給他靈感，精品咖啡講求味覺和嗅覺的敏銳，歸納出風味輪，陳律遠也想試著做出稻米風味輪，讓更多人可以吃出飯的好滋味。

與其說鳳成商號是咖啡館，倒不如說咖啡是一個媒介，陳律遠更關鍵的目的是讓大家認識農業、懂得吃米，「有時遇到客人沒下過田，我就把他們帶到田裡去，直接進行食農體驗。」

改革創新，年輕的力量無疑是關鍵，陳律遠也和在地返鄉青年共組「富里983」，舉辦地方文化活動，讓外地人願意遠道而來、認識富里，活絡鄉間也凝聚農村的情感，從二〇一五年開始，一年一度的穀稻秋聲音樂節，就是出自這群人的創意。

來到富里，先到鳳成商號坐坐、聊聊，富里魅力就在喝咖啡之間，躍然展現。

鳳成商號 陳律遠

03 小安比樂

派皮上的季節風味

來自台北的八年級女生「小安」謝詠安，因為工作關係，到池上生活了數個月，工作結束後，她念念不忘這裡的步調，選擇留了下來，打造夢想中的空間。「我喜歡做吃的，內心一直有個畫面，是我在一個空間裡開心地烘焙、料理，直到來池上後，發現這裡似乎能讓那個畫面成真，才開始把更明確的輪廓勾勒出來。」小安比樂，一點一滴被打造起來。

笑起來很甜的小安，擁有一顆堅定的心，即便一路走來難免有些跌撞，但她開店的信念沒有一絲動搖，「我真的很欽佩這位在城市長大的女孩，」小安從零開始的勇氣，也鼓舞著陳勁豪，「我現在能繼續向前走，並擁有自己的咖啡館，小安是重要的推手之一。」小安則笑著回應，「沒想到自己沒有準備好就開店，反倒成為別人開店的動力。」

店內招牌是甜鹹口味的派塔，「派和塔造型就像碗，

可以裝進各種食材。」池上多務農，耕作看節氣，而鄉村鹹派就是小安選用在地蔬果打造的節氣點心，切一塊放入口中咀嚼，當下哪些作物正在收成，馬上了然於心。

麻香拌麵也是許多客人的心頭好，更是小安想家時的慰藉。麵體選用池上出產的仙草麵，新鮮Q彈，拌上向媽媽學來的自製芝麻醬及花椒香辣油，忍不住一口接一口，回味無窮，如同陳勁豪所說：「即便是木舌頭，也能沐浴在味覺享受裡，怎麼都不膩。」

一塊派、一碗麵，再來一杯咖啡，是小安比樂簡單卻令人滿足的招待。

04 走走池上

為了分享而存在

「推廣池上的重要角色，除了金城武，大概就是走走池上了！」陳勁豪的推薦並不誇張，從事設計工作的「大白」羅正傑及擁有醫療背景的「小真」楊依真，五年前在租下鄉公所旁的這棟六十年老診所後，將這裡作為工作室，咖啡館是後來順勢而生的營業項目之一，他們自製池上地圖、記錄鄉間慢生活，更深遠的目的是凝聚在地人及移居者的力量，營造池上的文化和發展。

比起翻桌率、翻杯率，走走池上更在乎與客人間的互動，他們身上有一股相信這塊土地的純粹，緣分一旦連上，話匣子一打開，真教人不想停下來。這裡也是陳勁豪口中的池上「夜店」，是當地少數營業至晚上十點的店家，而連假時，擔心人潮一多會失去營業的初衷，索性不對外開放，當地人開玩笑說是他們的「避難所」。

移居池上這些年，小真最大的體悟是距離土地更近了。她舉例，以前不知道洛神花是季節性農作，「來池上後，才開始隨著天氣和節氣生活，更認識食材、植物和山林的一切。」店內飲品和點心盡可能使用台東食材，玄米茶用的是池上米，紅烏龍來自鹿野的茶莊，以初鹿鮮奶為原料的奶酪，淋上在地店鋪製作的果醬或池上養蜂場出產的蜂蜜，滋味都很不賴。

喜愛品咖啡的她，定期會從台灣各地挑選兩款咖啡豆，帶回店裡與客人分享，就像是個人的咖啡精選集，每隔不久就有新豆可品，從而結交不少咖啡迷。「有時客人還會拿自己的豆子來試，我很喜歡這種抱持開放、交流的感覺。」不論咖啡或旅行，走走池上都一秉理念，將分享放在最前面。

行動補給包

基本檢查不能少：啟程前學習基本維修技能，並自備簡單工具。公路旅行的移動距離較長，前往下個目的地前，記得先檢查胎壓、變速系統、煞車等基本功能。

補水點：除了便利商店，沿途鐵馬驛站也設有飲水機可補充水分。

風向指南：10 月～ 4月北上容易遇到東北季風，可穿著長袖車衣或風衣禦寒。每日早點出發，避免季風阻力影響腳程，儘量在天黑前結束一日里程。

走走池上 楊依真、羅正傑

騎過不錯過

低調民宿
花蓮縣富里鄉竹田村 10 鄰富田 81-2 號
0933-766153
Facebook 請搜尋：低調自然生態渡假民宿

Deep Coffee
台東市豐榮路 24 巷 1 號
0985-120201
Facebook 請搜尋：Deep coffee

鳳成商號
花蓮縣富里鄉車站街 7 號
03-8830588
Facebook 請搜尋：鳳成商號

小安比樂
台東縣池上鄉錦園村新開園 78 號
0960-012309
Facebook 請搜尋：小安比樂

走走池上
台東縣池上鄉中山路 99 號
0986-367216
Facebook 請搜尋：走走池上

艸樂自家烘焙咖啡
Facebook 請搜尋：艸樂自家烘焙咖啡
In House Coffee Roastery

屏東市

PINGTUNG

小陽里長伯 帶你私房兜轉

文 高嘉聆
攝影 林科呈

小陽。日栽書屋
蔡依芸

內建屏東市區地圖的在地人，是朋友口中的「里長伯」，總能挖掘不同於觀光導覽上的屏東。愛鄉也愛書，目前在勝利新村老屋群中，打理一間擁有美麗植栽與庭院的獨立書店「小陽。日栽書屋」，不時舉辦有意思的藝文活動，相信書本和閱讀是生活中無可取代的那塊拼圖。

揪朋友　當一日屏東人　停留時間 1 天　預計騎程 15 公里

小陽。日栽書屋 蔡依芸

越騎越像在地人 打開阿猴城的生活一頁

平日的屏東市，漫遊在大街上，往來的車輛交通顯得很「冷靜」，不是寂寥空蕩，而是一種鬆鬆暖暖的日常，每個人、每輛車都有屬於自己的節奏，不疾不徐，帶一點點的野，雙腳踩在路上，每一步都能聽到小城的呼吸和脈動。

「對呀！所以我們屏東很適合騎腳踏車晃來晃去。」在街頭巷尾兜繞是蔡依芸的專長，在她口袋裡有一大串在地人才知道的名單，跟著她騎，穿梭無名的小巷弄，會有一種自己是南國人的錯覺，愜意自在，是一般小城旅行少有的體驗。而且在屏東騎單車還有一個便利之處，無須自行搬運、攜帶，市區就有不少公共自行車Pbike的據點，前三十分鐘免費騎乘，甲地租乙地還，想停就停，自由自在，出了火車站就能租借，實踐減碳的旅行台灣。

做功課 阿猴的前世今生

舊稱「阿猴」的屏東市，曾是平埔族阿猴社的遊獵之地，在一八三六年（清道光十六年），阿猴已發展成頗具規模的市街，地方仕紳籌募修築城壘作為防禦，即阿猴城，東西南北各有一道城門，然而時代更迭，如今僅存東門座落在屏東市區。到了日治時期，製糖產業奠定了屏東的經濟基礎，也啟建鐵路，而後在二戰時，日本政府將屏東視為南進的基地，設飛行場、蓋軍宿舍，後來國民政府來台，就順勢將宿舍改為國軍眷村。

這是濃縮版的屏東歷史。然而一旦踏上單車，在屏東市慢速騎乘，隨著輪下一圈又一圈的轉動，逐漸感受到原汁原味的屏東今昔，歷史文獻中的白紙黑字彷彿立體起來。

「知道屏東這個地名是怎麼來的嗎？」如同一般印象，蔡依芸過去也以為屏東取自「半屏山之東」，重讀屏東史後發現，原來地名由來跟屏東書院有關，源於書院早年的一副對聯分別以「屏臨太武」、「東樹風聲」為起首句，便取上下聯第一字作為地名。如今對聯已經不在，據推測是後來書院整修時遺失了，著實可惜，但是了解這段歷史後，再到書院現址騎車兜轉，似乎就更有感了，倘若再順路拜訪宗聖公祠、屏東教會、勝利新村等幾處富歷史記憶的地方，對於屏東的歲月輪廓也就更見清晰。

屏東書院

從萬年臭到詩意的欒樹河畔

國境之南的陽光一向熱辣辣，蔡依芸建議早晨或傍晚騎單車最適宜，或是沿著貫穿屏東市的萬年溪騎，也很涼快。「以前屏東人都叫這裡萬年臭，重新整治後變得很舒服。」早在一九六〇年代左右，隨著工商業的蓬勃發展，工業和畜牧廢水暴增，與家庭污水一同注入萬年溪，使得溪水受到嚴重污染，水質烏黑散發惡臭，當地人也避之不及，「萬年臭」的名聲不脛而走。

所幸近年在進行整治後，水質、河道、景觀都大有改善，沿畔種植不少樹木植栽，並設腳踏車道，是當地人運動、散步的好去處，「河堤兩岸的台灣欒樹在秋天由黃轉紅，整排看過去非常漂亮，平時買早餐來野餐也很愜意。」

歇腳吃小吃很必要

位於中正路上的豐滿早餐店，就是蔡依芸的口袋名單之一，招牌生煎包總是讓店前的排隊人潮絡繹不絕，由於外觀沒有明顯招牌，許多在地人都直接叫它「中正路生煎包」，白胖焦酥的滋味是不少屏東人的早餐首選，外帶上路也很方便。

午餐的選擇就更豐富了，「到屏東夜市就對了，幾乎每一攤都是老字號，怎麼吃都不會踩到地雷。」雖然名為夜市，但事實上許多店家中午就開始營業了，碗粿、肉圓、雞肉飯，肉羹、米腸、黑白切，種類品項琳瑯滿目、美味豐富，飯後再吃一碗古早味愛玉冰作結，沁脾解熱，令口腹大滿足。

屏東市也許名聲不像墾丁、恆春那般響亮，過往遊客大多路過或僅作短暫休憩，然而細細品味，這裡的生活既飽實又有滋味，循著在地人的腳步騎乘漫遊，原本散落的歷史時光、地理人文、在地風土，全都梳理開來，串成一幅耳目一新的地圖，帶領遊人深入從前未發掘的屏東面貌。

豐滿早餐店招牌生煎包

路過小城裡的最美秋日

01 萬年溪自行車道

河川在都市文明的發展中，各時期都扮演了重要角色，屏東市的萬年溪也不例外，這條長約五公里的溪流，農業時期肩負了灌溉稻米、甘蔗等農田的重任，然而經歷工業化、都市化後，卻成為工業、畜牧廢水理所當然的去處，原本如詩如畫的河岸美景，幾年之間走樣，變成人們走過會捏著鼻子的「萬年臭」。

這個燙手山芋曾是歷任屏東縣長最頭痛棘手的問題，甚至一度採取極端手段，將萬年溪以鋼筋混凝土加蓋、遮臭，所幸在地市民團體極力反對，施工因此暫停，差點被判死刑的萬年溪有了復活的機會，改以水質、河道、景觀整治的方式進行，如今仍可在部分河段

看見當年留下的鋼筋混凝土橋墩，見證了萬年溪頗為心酸的那段經過。

蔡依芸說，在許多老人家的記憶中，夏日的萬年溪是最燦爛的時光。一九五〇年代以前，溪水清澈，風光綺麗，岸邊楊柳隨風飄逸，人們划船、游泳、抓魚，租不起船的孩子便自製香蕉筏「隨波逐流」，好不歡樂。當時的萬年溪，豐富了居民的生活。現今面貌不似當年，但慶幸的是萬年溪已恢復「呼吸」，不但以友善生態的方式整治，沿岸也設置了人行步道和自行車道，居民漸漸回流散步運動。

順著河流方向騎乘，沿途不但溪可見魚而且林蔭密布，即便南國四季如夏，依然涼快。岸邊也不時透露出過往的生活痕跡，例如當年河道上方有許多橫跨兩岸的橋樑，甚至還設有五分車鐵道，是昔日糖廠運送甘蔗所用，雖然現在均已廢棄，卻不難想像屏東市曾為台灣三大製糖要地。

在自由路和建國路口、忠烈祠旁的萬年溪景觀橋，是屏東市近年來的新興地標，橋頂一對大型白色裝置，像是翅膀、白雲，也有人說是牛角，橋上視野寬廣，可將萬年溪的景致盡收眼底，尤其入秋之際，當河岸兩旁的台灣欒樹換上紅黃綠交錯的新妝，堪稱小城最美的一幅秋畫。

02 宗聖公祠

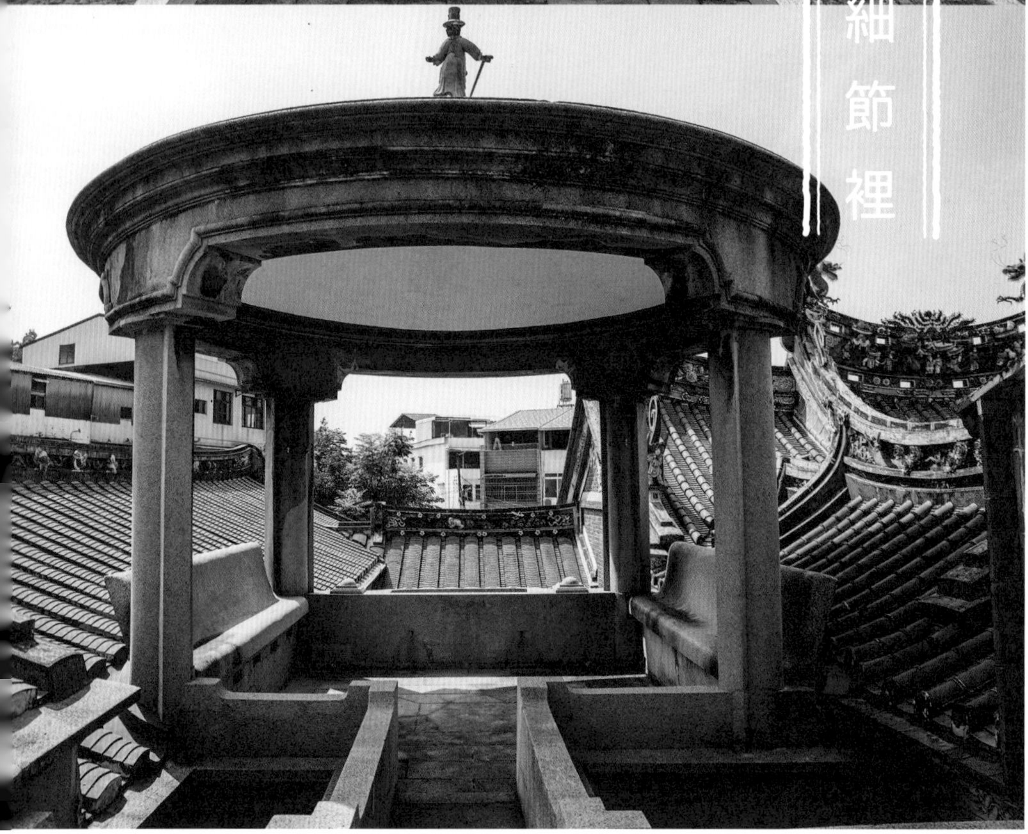

驚奇藏在細節裡

跟在蔡依芸的後頭，突然方向一轉，拐進一條民宅間的巷弄，眼前頓時豁然開朗，既堂皇又優雅的宗聖公祠原來隱身於此，光是站在門外就能感受到不凡氣勢，令人不禁停下單車，入內瞧瞧。

宗聖公祠為六堆客家地區的曾姓族人集資，在屏東市所設立的宗祠，共歷時兩年、至一九二九年（昭和四年）竣工，格局十分完整，建築裝飾頗有逸趣，除了宗祠功能，也是當年曾姓族人到屏東市讀書求學、洽辦商務的寄宿聚會之所。然而，後來宗祠組織因無力運作，使得建築本體日漸荒廢損壞，蔡依芸回憶起宗聖公祠早年的模樣：「只能用荒煙蔓草來形容。」幸好曾氏後裔為了保留祖先創立的家業四處奔走，二〇一三年終於完成修復，宗聖公祠風華再現。

從建築和格局即可看出曾姓宗族當年的經濟實力與生活品味。在民間建築多以磚造施作的日治時期，宗聖公祠就已經採用當時新興的ＲＣ構造，也就是鋼筋混凝土，包括前廳、左右的過水廊、後廳等空間的柱體皆為ＲＣ柱，並外覆洗石子面材，非一般常見的石柱或木柱，在當年是相當令人眼睛一亮的做法。風格以客家傳統民居合院建築為基礎，結合廟宇建築及時興的西洋風格為一體，前方的萬年溪構成風水上所稱的「玉帶水」，與設立初時所建的半月池，以及如今所見的門樓、象徵建築物來龍去脈的土地龍神、作為建築物後山的化胎，構成「前敞後實」的好環境，完整呈現客家建築序列。

二樓左右兩側的涼亭是最令人嘖嘖稱奇的部分！不論在構造或裝飾元素上都很西化，涼亭頂端的人偶裝飾，左側為戴高帽、拿拐杖的紳士模樣，右側是大人牽著孩子像在跳舞的姿態，共通點是人形和衣帽造型均為西方元素，而站在涼亭圓頂下方，會感受到「音焦點」的特性，換句話說，在此發聲，聲音會集中於中央，周圍聲音相對變小，非常有趣。二樓涼亭也是近距離欣賞宗祠屋頂上華麗的剪黏與交趾陶的絕佳所在，人物、走獸、花卉、瓜果在在靈活生動，相當精采。

03 屏東夜市

因為幾乎三餐在外，整個屏東市就是蔡依芸的廚房，匯聚許多老字號小吃的屏東夜市，她幾乎每一攤都吃過，回想在屏東夜市的吃貨足跡，「很難說哪幾攤特別好吃，因為都沒有雷，大概只有比較常吃或比較少吃的差別而已。」

天色未黑，午餐時間的屏東夜市就已經人聲鼎沸，隨意走進一間賣黑白切的小攤，點上幾道庶民小菜，竹筍冷盤、大腸粉腸、豬肝豬心、魚卵章魚，滿滿一桌，配上滷肉飯、炒米粉，充滿台灣人飲食特色的縮影，滋味簡單卻教人滿足。飯後甜點選擇也多，番薯糖、冷凍芋或南台灣特有的番茄沾醬切盤，都不讓人後悔。騎完單車後讓口腹涼爽一下最是暢快，創於一九二三年的郭家愛玉冰，粉圓、仙草、杏仁、金桔各種配料搭愛玉冰都是一絕，運動後來一碗，全身感覺都被救贖了。

行動補給包

屏東 Pbike

2014 年正式啟用，目前已經開設 32 個租借站，約有 500 輛單車在城市裡流轉。

騎乘必備：iPASS 一卡通、信用卡

註冊須知：可至「屏東公共自行車」官方網站或各租借站點註冊成為會員。

收費方式：前 30 分鐘免費。之後每 30 分鐘一卡通 10 元，信用卡 20 元。

重要提醒：下載「Pbike 屏東公共自行車」APP，隨時掌握租借站位置與車輛資訊。騎乘前檢查煞車、胎壓。若是胎壓不足，可用 Kiosk 站體的充氣機現場打氣。車輛若有問題，或需道路救援可撥打 0800-255900

防曬提醒：屏東豔陽高照，可戴帽子、袖套遮陽，並自備環保杯裝滿水再出發。

騎過不錯過

小陽。日栽書屋
屏東市中山路清營巷 1 號
Facebook 請搜尋：小陽。日栽書屋

屏東書院
屏東市勝利路 38 號

宗聖公祠
屏東市勝豐里謙仁巷 23 號
08-7512267

屏東教會
屏東市仁愛路 56 號

豐滿早餐店
屏東市中正路 171 號
08-7333419

郭家愛玉冰
屏東市民族路 38 號
08-7335650

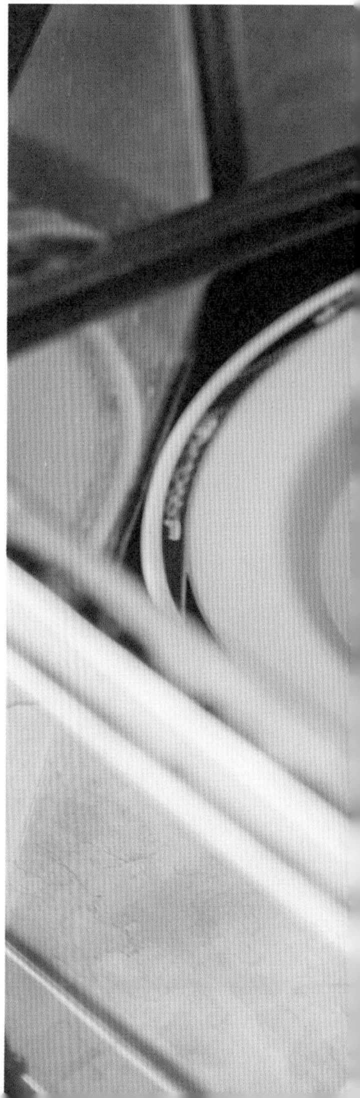

北海岸

NORTH COAST

一張給外國朋友的偷心地圖

文 張雅琳
攝影 陳應欽

單車 YouTuber
張修修（張修維）

曾是年薪百萬工程師、科技業務，為了想要尋找心中與土地的連結，決定辭職，花了兩年時間單車環遊世界，他用單車做外交，為台灣尋找盟友。返台後，曾和團隊一起開發手機 APP、考上外語導遊和領隊、自己架設分享旅行故事的網站……，直到今年，才正式成為一個單車 YouTuber。曾經出走世界的他，現在希望讓世界旅人都來台灣騎腳踏車。著有《1082 萬次轉動：帶著電玩哲學的單車冒險》一書。

揪朋友 伴騎山海一路　停留時間 3 天 2 夜　預計騎程 180 公里

一〇二縣道瑞雙公路

身分證上的年齡早已超過卅五，但心裡認定自己是永遠的廿五，騎車的招牌穿搭，是花花綠綠的海灘褲搭配運動涼鞋，在他的YouTube頻道全英文影片中，時不時置入一杯波霸奶茶，向世界大聲宣告這是他覺得台灣最棒的發明，而且不忘補刀說在東京要排六小時、不如直接來寶島喝；這就是修修，集結了直率、熱情等正港MIT台灣味元素的單車玩家。看完他的視頻，十有八九會覺得這個人有點瘋，但無可否認，改變都是由瘋狂的人開始的。

修修的故事開頭聽起來不陌生：放棄百萬年薪去做一件熱血的事，他花了兩年時間，完成兩萬五千公里的單車遠征地圖……。現實問題是，結束了壯遊，然後呢？

這跟從小到大接收的指令：「好好讀書」、「考上好學校」、「找到好工作」都不一樣，修修突然在人生的心海羅盤失去方向，他多方涉獵、點開很多新技能，嘗試了各種出路卻都無疾而終，下一步在哪裡？他茫然不已。

上 九份遠眺基隆嶼
下 景美河堤

決定　帶外國朋友騎單車

直到二〇一七年底，曾協助他環遊世界的推手——台灣雲豹自行車總經理徐正能聯繫上修修，「他那裡有一批很棒的腳踏車，問我有沒有興趣一起推廣單車旅行？」修修想起以專業英語旅遊服務、接待外國旅客見長的旅行社 MyTaiwanTour 創辦人 Michael（吳昭輝），兩人共商「賣台」大業，一拍即合。就像小說裡頭寫的「當你真心渴望某樣東西時，整個宇宙都會聯合起來幫助你完成」，幾番緣分撮合之下，讓修修憶起當年出走的初衷：要讓世界看見台灣。

具備外語能力、領騎專業，擅長以說故事的方式深入淺出介紹台灣，修修更用一年多的時間，和夥伴上山下海探勘單車路線，對於「帶外國人騎車」這件事，他有著「捨我其誰」的自信。「如何吸引更多人來台灣？目前為止最有效的方式就是拍影片。」修修補充：「既然有這麼好的故事，為什麼不賣呢？」他決定開 YouTube 頻道經營個人品牌。這個夏天，修修就以「King of the Mountain」為主題，成功邀請美國知名 YouTuber「Dan Mace」和他一起單車東進武嶺，完成這條世界上最困難的自行車路線之一，他笑說：「Dan 就是我今年的 KPI。」

瑞濱海岸

不厭亭

從盆地到北海岸 水路說書

「歐美遊客停留的天數多半不長，四天已是極限。」修修歸納出國外旅客的訪台模式，設計出兩到三天的短程旅行。頻道開台後，他錄製的兩個騎車Vlog（影片日記），前後帶了來自美國加州的波士頓大學學生Natasha和同樣是YouTuber的荷蘭人Cyrion Willems暢遊雙北。他把這條路線命名為「大台北山海戀」，集結山、河、海三個不同面向，網羅從台北盆地到北海岸最熱門也最精華的景點。

「以前的人習慣逐水而居，所以我介紹一個地方會從水文開始講起。」第一天沿著淡水河濱騎到八里，串起萬華、大稻埕走讀台北發展脈絡。Natasha大讚台北的河濱自行車道規劃得很好、不輸國外，修修也幽默回應：「巴黎有左岸，我們也有八里左岸。」坐渡輪踏上淡水，把鏡頭切換到當年荷蘭、西班牙在此的殖民故事，「抓一些和外國有連結的歷史背景，比較能引起他們的興趣。」修修和Natasha造訪九份遇上雨天，「阿妹茶樓」依舊人氣爆棚，和Cyrion扛著單車在九份石階坡道上上下下，是山城獨有的體驗。隔天沿著瑞雙公路奮力騎上有「小武嶺」別稱的不厭亭，眺望稜線上的寂寞公路被金黃芒海簇擁的景致，果真餘韻無窮，相看兩不厭。

九份小徑扛單車走一段

騎出屬於自己的地圖

單車上路前，先到東部旅行的Cyrion告訴修修自己要挑戰搭便車，修修笑說當時他心想：「老兄，在台灣搭便車超容易好嗎？」事實也證明，從都蘭一路被不斷「撿起來」順利回到台北，Cyrion接收到超出預期的熱情，讓他不禁大大讚嘆這個國家如此美好、人們多麼友善，「當這些元素結合在一起，就成了台灣獨一無二的美麗。」旅程尾聲，兩人就像認識多年的老朋友，並肩坐在瑞濱海岸看海，Cyrion撫著心口說他覺得台灣「有一點偷走他的心」。

沉迷電玩的修修，常以自己喜歡的角色扮演遊戲（RPG）來比喻人生的闖關。他就像遊戲裡頭要去拯救世界的小男孩，從一開始只是在新手村打怪，隨著不斷解鎖任務，自己的經驗值也跟著升等，飛到更遠的新大陸去探險。「我很著迷遊戲裡頭『開地圖』這個概念，以前就想，有朝一日我也要去開自己的地圖。」把長長的人生攤平來看，大部分的人就像細水長流，偶有漣漪，反觀修修，是持續在激起高潮浪花。

繞了一大圈，修修終於回到他偉大的航道上，當然，一直轉動著的踏板不會停下。

張修修（右）與同是YouTuber的荷蘭人Cyrion Willems

01 台北河濱自行車道

水岸子民的幸福日常

對台北市民來說，河濱自行車道就像自家門前公園般再尋常不過，修修卻認為：「其實是滿值得一提的城市亮點。」沿著新店溪、基隆河等貫穿台北盆地的淡水河支流規劃，光是台北市的河濱自行車道路網總長就有近百公里，還能再往外擴及新北、桃園及基隆，每條各有特色。市區人車爭道，騎起來頗有壓力，「反觀專門規劃給自行車的路線，串連起台北重要景點，可以更輕鬆地探索這個城市。」

02 夜宿山城 回老房子家

如果要在北台灣挑個地方小住兩天一夜，九份、金瓜石是修修的首選，「大部分的遊客都是一天來回，很可惜。」這裡不管是夜間散步或早起爬山都很舒服，「沒有住上一晚，會錯過它最棒的地方。」

照片提供 月河

月河民宿 金瓜石的月夜最美

修修安排Natasha下榻的民宿「月河」，屋後潺潺小溪流過，還有參天老樹為伴，有著遺世獨立的寧靜。依山勢起伏而築的建築裡，天然石牆、山壁就是最好的建材，成了修修眼中很有在地味道的角落。

而要說起「月河」的由來，那又是一段愛與緣分的故事。

民宿主人楊姊（楊淑妮）原是在台北工作多年的花蓮人，自覺城市終究不是自己的歸屬，當人生走到三十多歲的「坎站」、想要擁有屬於自己的家時，突然想起年少時在金瓜石落下的旅行記憶。「這邊的路彎彎繞繞，要走到底才能看見路尾的房子。」幾番尋覓，花了半年時間，才讓楊姊找到理想物件，「就像我想像中的房子，旁邊有棵大樹守護著。」她對這間老屋幾乎是一見鍾情，「尤其是走到樹下的這條小徑，太美太美，夏天涼風吹來，絲毫不覺得熱。」此心安處是吾鄉，楊姊就在這裡把自己安頓下來。

「以前做什麼都盯緊目標，卻不見得盡如己意，來到山上以後，很多事情反而水到渠成。」楊姊回憶某年耶誕節，當地民宿都滿房，友人向她提議用多餘的房間幫忙接下客人，誤打誤撞地成了民宿主人；空閒時她常在祈堂老街四處串門子，一度租下另一間老屋開起咖啡館，意外圓了年輕時的夢。「有個女生每隔一段時間就會來喝咖啡，她說每每遇到舉棋不定的事，只要來這裡沉澱，總能找到答案。」山上澄澈的環境，不僅幫助許多人擦亮心中明鏡，也讓楊姊遇見對的人，牽起攜手一生的姻緣。

「老房子有它自己原本的味道，我就挑一些相應的家具、燈飾等老件來搭配。」在楊姊眼中，房屋就像一張畫布，她用自己喜愛的南歐情調添加溫暖色彩。「剛買下房子那段時間，實在太喜歡這裡了，我幾乎每天從台北開車來看它。」楊姊笑稱自己甚至經常清晨就來，待到月升才離開，「金瓜石晚上月亮出來的時候特別漂亮。」她以英文老歌Moon River為題，給老屋起了「月河」這個雅緻的名字，清溪伴月，金瓜石的夜色正美。

山茶雅舍　我在九份有個家

在九份度過十來個寒暑，「山茶雅舍」的阿哲（黃良哲）和太太紀宜汝也是城市逃兵。阿哲說最早是因為生活的不順遂，到山上走走散心，「宜汝愛海，我喜歡山，九份正好得天獨厚有山海景觀。」沒想到一眼愛上了山茶雅舍這棟老房子，最後索性辭了工作，結束異鄉漂流，來到山城靠岸。「這裡的天然地貌和文化底蘊，很吸引我們。」阿哲形容如果坐下來和當地耆老聊天，「就像一千零一夜的故事，說也說不完。」

一開始整修房子沒有足夠資金，兩人硬著頭皮自己來，也向在地人學習維護老屋油毛氈柏油屋頂的工法，阿哲笑說經年累月下來累積最多的不是財富，而是維修工具和四處蒐集的老房子素材。或許是被他們照顧老屋的用心感動，兩個在當地人眼中「傻傻跑來鳥不拉屎的地方開民宿」的年輕人，幾年下來倒也做出口碑，哪裡有老房子要出租，鄰居還會主動送來消息。

照片提供 山茶雅舍

阿哲說以前鄉下老家是傳統三合院，放學回家第一件事，就是到廚房添柴火煮飯、燒洗澡水，全家在飯桌旁就著昏黃燈光用餐，是成長過程中「家」的模樣；隨著長大外出工作，人明明不斷向前走，心裡卻想要把以前對家的想念再找回來，「廚房裡頭那盞燈，對我來說就是一個家的核心意象。」因此，民宿廚房裡廚具齊備，每次只接待一組客人，可以圍坐著好好吃飯。

修修說自己談戀愛時，就是以「我想吃你做的菜」為由，帶著女朋友（現在的太太）入住，「是很不錯的回憶。」想要在山城有個家，「山茶雅舍」用這一夜圓滿了旅人想望。

03 無耳茶壺山與報時山步道

無耳茶壺山

就為了看不膩的山海

夜宿山城，隔天若有體力，修修建議不妨造訪金瓜石的地標——無耳茶壺山，「雖然海拔只有六百公尺，卻有不輸高山的景致。」站上山頂欣賞連綿山巒，陽光落在芒草上映照出耀眼金黃，贏得「黃金稜線」美名。

由交通方便的勸濟堂起登，沿途都是比人高的盛開芒花夾道。越往高處，越是想頻頻回首，因為無耳茶壺山的每一步都有令人讚嘆的山海美景。走走拍拍不趕時間，一個多小時就可以來到位置最高的觀景涼亭「寶獅亭」，眺

無耳茶壺山附近眺望滿山秋芒（攝影 廖偉丞）

望陰陽海、基隆山、水湳洞等地，東北角海岸風光一覽無遺。或是起個大早，在此看太陽從海平面升起，環景效果不用修圖，修修說：「我覺得那裡是整個北台灣看日出最好的位置。」

而入口就在勸濟堂停車場旁的報時山步道，更是賞陰陽海最短的距離，兩百公尺長的木棧道，往返僅需十分鐘，卻有三百六十度的無敵景觀，包括無耳茶壺山、十三層遺址、金水公路等美景盡收眼底，被譽為CP值最高的懶人步道。入秋後微涼的氣息加上滿山遍野的芒花相伴，是造訪這裡最好的季節。

行動補給包

領騎大任：控制車隊速度，掌握夥伴的體能狀態，隨時應變狀況。

交通安全：市區車流量大，過馬路要下車牽行。北海岸路段容易遇到大型車輛，保持安全車距。

排汗最重要：旅行路線不求快，衣著寬鬆舒適為主，但需著重排汗效果，入秋後可準備防風防雨外套。

貼心配件：為夥伴挑選舒服的坐墊，即使不穿車褲也可以舒適騎乘。

私心推薦：投資自己一個好的坐墊，可選擇英國 BROOKS 手工皮製款，讓坐墊慢慢符合臀部曲線，是長途旅行必備款。

騎過不錯過

張修修 Shosho Chang
YouTube 頻道請搜尋：張修修 Shosho Chang

金瓜石月河民宿
新北市瑞芳區祈堂路 130 號
0938-752202
Facebook 請搜尋：金瓜石月河民宿

山茶雅舍
新北市瑞芳區基山街 241 號
0932-844293
Facebook 請搜尋：山茶雅舍

花蓮

HUALIEN

腳邊拂過太平洋的風

臺灣自行車旅遊協會
姜 俊 瑋

臺灣自行車旅遊協會發起人之一，曾任協會理事長。因為姓姜，所以國小被英文老師從相近音取名為 John，後來朋友都叫他「姜薑」。二〇〇〇年踏入旅遊業，一開始買單車是為了可以省錢旅行，從二〇〇四到二〇〇七年間騎遍北橫、中橫、太平山等台灣各角落，爾後更將雙輪軌跡擴及中南半島、緬甸、中亞及歐洲各國。迄今已累計環台超過五十次，形容騎單車是「人類內心對於遷徙、探索的一種渴望」。

文 張雅琳 高嘉聆
攝影 羅正傑

雙雙對對

放感情慢慢騎　停留時間4天3夜　預計騎程 145 公里

環島五十次 老經驗帶路 驚喜都安排好了

「我們是幫台灣賺外匯的。」一開場，姜俊璋就半開玩笑地這麼說。早年在國外的長途自行車旅行經驗，讓他深感國內的單車旅遊市場亟需開拓，二〇一〇年，他和一群同好成立了臺灣自行車旅遊協會，一方面想以自身經驗帶領更多人完成單車環遊世界的夢想，二來也透過客製化環島旅行團，或是一日城市小旅行、林道Off-road挑戰等路線，讓外國旅客藉由單車來親身感受台灣這塊土地的美好曲線。

「大部分外國朋友需要短天數的行程，我們還是推花東。」姜俊璋以鐵路加鐵馬的「雙鐵」交通方式，建構出四天三夜的環形旅遊路線，從光復火車站出發，逆時針方向繞行一圈回到原點。設定半天二十多公里、一日五十公里的行進距離，不用一大早趕著出門、中途也有餘裕遊賞景點，依據帶團經驗是小學三年級以上都能負荷的程度，他掛保證說：「這個走法就是情侶來體驗也不會吵架。」

台東縣長濱鄉寧埔村 台三〇線玉長公路終點，總長35.433公里

大農大富平地森林

臺灣自行車旅遊協會發起人 姜俊瑋（攝影 陳應欽）

有山有海　全景模式不偏心

喜歡縱谷景致的，可以在光復到瑞穗得到撫慰；想要看海，從長濱一路上至豐濱的海藍藍台十一線，也不會失望。東部海岸公路擁有無敵海景，太平洋湛藍一路相隨，姜俊瑋也特別推崇這一段的騎乘感受，「一邊是峭壁，一邊是海，很有好萊塢電影裡頭公路旅行的感覺。」他強調如果從豐濱再往北到磯崎、芭崎，翻過牛山，是整條海線唯一的爬坡路段，「我們在設計路線上都避開了，真的是很輕鬆騎啦！」

濱海階地除了八仙洞、八桑安等史前遺址如星點散落，也有近年熱門的新興單車據點。進入台東長濱的長光部落，沿東十三鄉道一路直行，當下被兩側梯田環抱，眼前是無垠無邊的海景，此刻毋需地圖指標，便知道這是傳說中擁有海天一線美景的「金剛大道」，以遠眺西側海岸山脈的「金剛山」而得名。這段路沿途沒有任何建築與電線桿，視線豁然開朗，絲毫不遜於池上伯朗大道。不管是入夏的油綠稻田、秋收金黃稻穗，或是凜冬裡的水鏡映空，總能遇見各款美麗的模樣。奔馳在筆直大道上享受海風吹拂，是東岸旅行的浪漫最高級。

上　玉富自行車道，連接玉里至富里，總長約十公里。

下　世界唯一橫跨歐亞板塊與菲律賓海板塊的玉富自行車道（左）。花蓮瑞穗的富源舊鐵道自行車道（右）。

寶島哪裡最珍貴？

對姜俊瑋而言，單車旅行不僅只是從狹長的山海間路過，走進部落的半日漁獵生活，像是跟著靜浦阿美族人學習捕捉浪花蟹的古法、乘著膠筏欣賞秀姑巒溪出海口生態等，能讓更多人看見原民族群的聚落樣貌。

回憶自己第一次單車環島，是二〇〇三年為了要去泰國長途旅行的行前測試，「當時我完全不懂台灣。」一直到開始帶團環島，才慢慢發現自己想要了解這個地方更多。舉凡台灣四百年歷史、高山密度為世界島嶼之最、擁有生物多樣性等面向，他都一一涉獵。

「大家都說台灣是寶島，你要講得出來它珍貴的地方在哪裡？」他有感而發地說：「台灣就是少了這部分的教育，對這塊土地的認同感很容易被左右。」

玉長公路上，東部海岸國家風景區瞭望台。

拉索埃生態園區六號湧泉
（照片提供 交通部觀光局花東縱谷國家風景區管理處）

彎進裡頭看看 慢騎才有的驚喜

在這條姜俊瑋自己形容為「精華中的精華」花東路線裡頭，他盡量拉出人車較少的路段，像是光復糖廠附近，有處鮮為人知的祕境「拉索埃湧泉」，泉水顏色會隨著陽光折射出各種夢幻藍色調，有著「藍色眼淚」美名，「從糖廠後方繞出來，可以走一條農用道路直接到大農大富，路很寬，好騎。」

又或是石梯坪以南的鐘乳石洞穴「月洞」，神祕幽暗，入內得坐上小舟遊遊蕩蕩，方能一探究竟。「其實月洞就在台十一線上，只是大家騎車常咻一下過去沒留意，有點可惜。」他補充：「那邊到了夏天就像有天然冷氣，超棒！」

其中特別有挑戰難度的，落在穿越海岸山脈的玉長公路，不管是海裡來、山中去，從哪一個方向走都有六、七公里的爬坡，姜俊瑋笑說關鍵就是不要氣餒，「你要是用比散步更快一點的速度，騎一下再推一下，兩個小時也就上去了。」在公路西端，能從約海拔四百公尺高處回眺玉里小鎮，另一側的隧道出口處，則有長濱海岸線的暴力蔚藍在眼前超展開。

唯要注意下坡不求快，套句姜俊瑋的單車名言「慢就是快，快就是慢」，他解釋：「我的意思是你要是騎太快，可能很慢才會到，如果慢慢騎，其實順順的很快就到了。」緩緩而行，山與海，一直都在。

玉長公路

01 馬遠部落

聽見豐收的聲音

姜俊瑋說，很多客人都想去沒那麼多觀光客的地方，「但我們自己就是觀光客啊！」雖然嘴上這麼說著，還是掏出了自己的私房名單——馬遠部落。

從台九線轉入花六〇鄉道，馬遠部落位於花東縱谷北端，中央山脈的山腳下。這裡是萬榮鄉境內唯一的布農族部落，相較於鄰近知名的蝴蝶谷溫泉渡假村，部落的寧靜顯得格外樸實。姜俊瑋說，若在盛夏造訪，還能到鄰近的富源溪畔，享受近乎包場的戲水樂趣。

杵音，是馬遠部落最具代表性的文化，源自過去在小米收成時，族人們會互相幫忙，輪流換工到

攝影 蔡昇達

上 馬遠祕境（攝影 蔡昇達）
下 馬遠部落射箭體驗（攝影 蔡昇達）

各家，以杵敲打小米脱殼，當長短不同的木杵與臼碰撞，發出音律各異的樂音，代表著豐收的愉悦，後將其編寫成曲目，在祭典時引吭高歌。還能體驗射箭、製作部落佳餚、聽族人説故事，透過這趟旅行重新體認部落與自然的相處之道。

02 瑞穗溫泉山莊

老字號的人情味

騎了一整天，結束後若能泡個溫泉放鬆筋骨，實在享受。

瑞穗溫泉山莊是當地的老字號旅社，歷史悠久，早在一九一九年，日本人就將此處開發為警察招待所，興建公共浴場。姜俊瑋認為，雖然日式通鋪復古，也談不上什麼厲害的設備，但環境乾淨、價位親切，且人情味濃厚，不失為一個平實的住宿選擇。

上 溫泉花
下 富有鐵質的黃金之湯

Follow me!
光復火車站
拉索埃湧泉
大農大富平地森林
馬遠部落
台九線
瑞穗溫泉山莊
北回歸線標誌公園
東昇茶行
廣盛堂
玉富自行車道
玉長公路
台十一線
金剛大道
八仙洞
靜浦部落
月洞遊憩區
石梯坪
台十一甲線光豐公路
光復火車站

在這裡泡湯很「奢侈」，業主張東俊説，露天浴池源源不絕的溫泉水，一年四季就這樣持續流動，不循環、不添加，呈現原汁原味的自然本色。會來這裡泡湯多為熟門熟路的常客，也有不少慕名而來的日本人、西方旅客，單車族也青睞此處，時常一票人下榻洗去一身疲憊。

由於泉質為氯化物碳酸氫鹽泉，含有豐富鐵質，溫泉水一旦與空氣接觸便會氧化形成黃濁色，有客人笑稱是「冒煙的甘蔗汁」，水面上帶有一層薄薄的自然結晶物「溫泉花」，而池邊的黃色沉澱物是溫泉日積月累流動的最佳證明。

坐在四百年的茄苳樹下，泡著黃金之湯，姜俊瑋強調，在這裡泡的不只是溫泉，更是悠久的溫泉鄉歷史。

03 舞鶴紅茶與玉里羊羹

走台九線 嘗點甜頭

從光復往南到瑞穗，有台九線和一九三縣道兩種選項，姜俊瑋建議走前者，上到海拔約三百公尺的舞鶴台地，會有大概一點多公里的爬坡，接著就能輕鬆下滑，他打趣比喻：「就像賺錢賺得很辛苦，後面就能花錢花得很痛快。」加上省道的路面比縣道更平整好走，「我會建議乾脆在舞鶴好好爬坡，前面經過北回歸線標誌公園還可拍張紀念照，最後再到台地喝杯紅茶。」

攝影 陳應欽

廣盛堂蕃薯餅

舞鶴的蜜香紅茶全台知名，小綠葉蟬咬過的茶葉，能製出帶有蜜香和果香的茶湯。台地上散落著許多自產自銷的茶行，東昇茶行是其中獲獎連連的金牌茶行，店面前的廣大空地，不只方便停車也有簡易的單車維修工具，很受單車族歡迎。待客熱情的老闆娘粘阿端更是店內的活招牌，姜俊瑋笑說：「進到店裡就是一直喝。」

茶園廣達三十五公頃，有七成會製成蜜香紅茶，為了吸引小綠葉蟬，粘阿端在茶園周邊種牠們愛吃的秋葵，並保持高溫多濕的環境，最重要的是不施農藥、採自然農法經營，「小綠葉蟬對環境敏感，一有農藥就無法存活。」小綠葉蟬肯定沒想到，喜愛吸茶芽汁液、使茶葉蜷曲的牠們，以往被視為害蟲，如今卻受到紅毯式的歡迎。粘阿端苦笑說：「以前看到小綠葉蟬就煩惱，現在是看到漂亮的茶菁會煩惱。」

過了舞鶴，順著台九線一路到玉里，這是一座美食多、伴手多的小鎮，其中最出名的莫過是廣盛堂的羊羹。從一九五五年開業迄今，廣盛堂的羊羹早已跟玉里劃上等號，姜俊瑋也獨鍾這一味，「一般對羊羹的印象很甜膩，但他們家的不會。」

第三代老闆廖國翔說，羊羹成分單純，只有豆沙、砂糖、水、洋菜粉四種，大家對羊羹的甜膩印象，主要是因為早年食物保存技術不如現在發達，需用足夠的糖做天然防腐，同時糖也是提升羊羹香氣的來源。順應現代人的口味偏好，也推出減糖版本，口味依舊是紅豆、烏龍、蘋果、鳳梨、蜂蜜等老班底。另外，蕃薯餅是近年異軍突起的熱銷品，皮香餡綿，看似簡單，滋味卻不簡單。

如同許多年輕一代接手家族老店會遇上的磨合，廖國翔笑說他也還在革命中。接手後的首要任務是想改裝店面、調整動線，「但我回來五年了，到第四年才溝通成功。」如今店鋪採光明亮、動線順暢，他的用心父母親也看在眼裡，逐步放手讓他去試。最驚喜的是在改裝期間，敲掉外觀的磁磚時，發現裡頭藏著一塊舊招牌，原來是當年祖父開店時所設，廖國翔覺得挖到寶了，便拿它作「新」招牌。

舞鶴紅茶，玉里羊羹，讓這些花東縱谷孕育出的甜，振奮雙腳的踩踏，繼續往下一站邁進。

行動補給包

行前鍛鍊：除了體能加強，也要練習變速、剎車、爬坡、下坡和過彎技巧。

車褲之必要：緊身的車褲可以避免布料與皮膚摩擦，內裡的墊片可緩衝臀部與坐墊的震動，長時間騎車旅行，穿著專用服裝會更舒適。

上路安全：靠邊騎，不要太接近快車道。玉長公路車流量不高，但往返車速較快，行經此處要特別留意四周來車。

下坡不鬆懈：控制速度，只要感覺「一點點可怕」就是車速過快！

吃飯B計畫：單車行程以個人體力為優先，不趕路、也不見得要按表操課。行程安排主線和副線，假設沒法及時趕到主線的用餐點，副線就能派上用場。

雙鐵移動：自備「攜車袋」將單車完整收納，即可搭乘台鐵各級列車，或查詢「指定車次」，不需折疊打包，以人車同行的方式搭乘。

旅程規劃：可先預約導覽、餐廳訂位，讓旅行內容更踏實，若是當天行程延誤，可提前1～2站取消，避免造成店家困擾。

騎過不錯過

臺灣自行車旅遊協會
tct.org.tw
Facebook 粉絲專頁：臺灣自行車旅遊協會

拉索埃生態園區
花蓮縣光復鄉大進街 15 巷（光復糖廠後方）

大農大富平地森林園區
花蓮縣光復鄉農場路 31 號
03-8700870#9

月洞
花蓮縣豐濱鄉港口村石梯坪 53 號
03-8781022

馬遠社區發展協會
花蓮縣萬榮鄉馬遠村 1 鄰 5 號
03-8812142

瑞穗溫泉山莊
花蓮縣萬榮鄉紅葉村 23 號
03-8872170、03-8870824

東昇茶行
花蓮縣瑞穗鄉舞鶴村 13 鄰
中正南路二段 256-1 號
（台九線 278.5 公里處）
03-8871878

廣盛堂
花蓮縣玉里鎮中山路二段 82 號
03-8882569

金門

KINMEN

當我們相遇在時空縫隙

文 高嘉聆

攝影 陳彥霖

單車職人工作室
陳弘銓

朋友稱他「阿冠」，二〇一一年開始接觸單車後，就一發不可收拾投入單車行列，不僅自學改裝技巧，還成立金門唯一一間包辦單車組裝、保養、維修、改裝的「單車職人工作室」，接受遊客預約租借。在金門過著斜槓人生，同時也是一名活動攝影師，熟知觀光地圖以外的在地美景。

雙雙對對 特有種戰地浪漫 停留時間 2 天 1 夜 預計騎程 55 公里

金門囝仔 騎出第二人生

提及開始騎單車的契機，陳弘銓說，「最初的想法很簡單，就想健身運動。」投入單車運動的前三、四年，是他的巔峰時期，「每天都騎五十公里以上，早晨、夜晚只要有朋友找就去騎車，非常狂熱。」因為熱愛騎車，開始研究起自行車的保養、改裝，雖然沒有任何單車維修背景，卻漸漸玩出了心得，成了金門單車圈的「義診治療師」，身邊車友一有問題就會找他，後來一不做、二不休成立工作室，成了當地單車騎士的資訊交流中心，「沒想到騎單車騎出了第二專長。」

全盛時期的他，單車環島金門如同家常便飯，騎一圈約七十公里，最快紀錄兩個小時完成，非常享受競速快感。「但是現在不這樣騎車了，」陳弘銓後來發

金沙鎮官澳灣 馬山三角堡

馬山三角堡

慈湖

現，金門沒有名字的小路不少，兜兜或許就能發現一片桃花源，頗有探險挖寶的趣味，「現在喜歡小騎一段，探索無名小路，反而有另一番樂趣。」

這大概就是在金門騎單車的魅力，環島道路大致平整舒適，車也不多，享受競速的人可從中得到成就感，而慢速騎乘也怡情，沿著海岸線繞一圈，或是探索鄉間小路，金門本島四鄉鎮的風情都能盡收眼底。

療癒系成功海岸

陳弘銓心中的理想單車路線，充滿了他的人生里程與金門歷史縮影。從小在金湖鎮成功長大的他，首推成功地標陳景蘭洋樓及成功海灘。

成功舊名陳坑，顧名思義，此處居民多數姓陳，是位於金門島南方的小漁村，擁有平坦遼闊的沙岸海灘，世世代代的陳坑漁民靠海維生，夏天頂豔陽、冬季冒寒風，以牽罟的方式合力捕捉漁獲，養育一代又一代的子孫。這是成功的過去式，如今這裡每年七、八月都會舉辦一年一度的盛事——花蛤季，讓遊客體驗挖花蛤及下水牽罟的樂趣。

騎著單車，陳弘銓喜歡在成功海灘停下腳步，烈日當頭，靜靜看著細沙和海水一閃一閃發光，不論身體或精神上的疲憊，全都隨著潮起潮落一掃而空。看海的方式不只一種，登上陳景蘭洋樓的二樓、坐在面海的前廊椅子上，海風徐徐、浪潮沙沙，「真的非常舒服，是我最愛的成功角落。」

單車迎娶
小葉南洋杉的祝福

單車開啟了陳弘銓的第二人生，也牽起了一段姻緣。「我跟太太是騎車認識的，因此拍婚紗照、結婚迎娶，都少不了單車加入。」他翻出婚紗照，一張兩人甜蜜騎車、背景為樹林的照片，氣氛夢幻，原來是在距離成功不遠的尚義取景。

環島南路三段小葉南洋杉道（攝影 謝揚聰）

環島南路三段接瓊義路這條約一公里的路段，兩旁種滿了高大蓊鬱的小葉南洋杉，形成一條絕美的森林大道，乍看頗有置身北國的錯覺，是陳弘銓推薦給情侶騎行金門的浪漫路線。

當年他結婚時，也是浩浩蕩蕩組了一隊「單車迎娶團」，騎著綁上紅絲帶的自行車，喜氣洋洋地到金沙鎮沙美的女方家迎娶。陳弘銓大讚沙美路段的景色，「很懷舊的地方，沙美是金門早年最熱鬧的街市，保留很多老房子，周遭還有不少高粱田，秋末冬初，高粱結穗，整片金黃色很漂亮！」他也喜歡到鄰近的山后聚落、馬山海岸漫遊，或登上金門東北角的制高點天摩山，由高處俯瞰海天一色，「天氣好的時候，可以看到對岸。」金門和對岸的距離，彷彿伸出手就能搆到。

北山停留
迷人黃昏有火藥味

順著北海岸線騎行，海的那一頭就是另一個國度，幾乎所有

上 金寧鄉 北山播音牆
下 金沙鎮 東山前村水尾塔

靠海的據點都能用肉眼直視對岸的不同角度，從前是軍事要地，現在許多據點已開放一般民眾遊賞，軍事的色彩淡化了，但依舊能從蛛絲馬跡中嗅得當年的火藥味。

像是位於北山斷崖上、由四十八組揚聲器組成的巨型播音牆，就是戰地時期向對岸喊話的前線，「親愛的大陸同胞你們好，我是鄧麗君……」，當年用來打心理戰的音訊，如今聽來格外有既視感。

相去不遠的慈湖，是金門著名的賞夕陽去處，當橘紅色的晚霞照映在海平面上，不難發現豎立在沙灘上的是過去用來反登陸的軌條砦。這些遺跡都是金門獨有的風景，單車旅行就像是一根縫衣針，串連起金門的過去與現在、肅穆與浪漫、晦暗與璀璨，盼望往日的戰慄就此凍結在時光河流裡。

01 陳景蘭洋樓

混血建築的百變人生

在金門的大街小巷，不難發現有許多融合中西建築特色的洋樓，這些被稱作「番仔樓」的樓房，現在看來是舊時代的遺跡，但在二十世紀初，卻被視為前衛新潮及勤能致富的象徵。當年那些背負家族期望、懷抱夢想的年輕小伙子，「出洋」到東南亞和日本離鄉打拚，當中部分人經商致富以後，回到家鄉也帶來了歐洲殖民風格的建築特色，興建出不屬於任何單一西方建築分類的洋樓。一幢幢精美華麗的洋樓，象徵著那個時代的奇蹟。

陳景蘭洋樓是金門規模最大的洋樓，純白色的外觀、七開間的立面，顯現出建築格局的宏大與氣派，由出身陳坑（現稱成功）的新加坡僑商陳景蘭出資，延請廈門及金門的匠師施作，歷時四年，在一九二一年完成了這幢被當時居民稱為「陳坑大洋樓」的建築，地理位置優越、居高臨下，可遠眺金門南海灣。洋樓一部分作為家眷的居所，一部分化為尚卿小學，供陳坑人免費就學，一時傳為佳話。

不過，後來歷經日軍占領、國軍駐紮，洋樓一度變成日軍指揮所、國軍觀測站及醫院，後來還成為戰地官兵放假休閒的娛樂中心，設有飲食部、理髮部、百貨部、醫療部、洗衣部、撞球室、澡堂、茶室等，還有播放電影的康樂廳，當時附近的陳坑小孩也會偷偷混進康樂廳看電影，享受難得的娛樂。

隨著戰地政務結束，洋樓的模樣也不如以往了，陳弘銓回憶早年的情景，「經歷了砲擊和颱風，洋樓變成被拉起封鎖線的危樓，好在後來重新修復，現在才能坐在二樓前廊，享受這片海景。」

他口中的海景，指的就是成功海灘。海面波光粼粼，伴隨涼爽的風，陳弘銓想像著揮汗騎車後，「如果這時手中還有一杯冰飲，那就一百分了！」

02

山后民俗文化村

氣勢十八間 閩南聚落吃海蚵麵線

Follow me!
單車職人工作室
成功地標：陳景蘭洋樓
成功海灘
尚義小葉南洋杉林蔭道
山后民俗文化村
高粱田
馬山海岸
天摩山
北山播音牆
慈湖

金門至今保有許多傳統聚落，這些聚落大多有幾個特徵，通常為某個大姓宗族所有，並設立宗祠、學堂，有些聚落錯落著傳統古厝與西化洋樓，有的則是清一色的閩式建築，各有風情。陳弘銓說，「要看保存最完整的閩南建築聚落，到山后民俗文化村就對了！」

山后聚落分為頂、中、下三堡，民俗文化村所在的中堡，是由赴日經商有成的王國珍、王敬祥父子出資興建，整整一大片共十六間二落大厝，加上宗祠和學堂，被稱為「山后中堡十八間」。走進聚落間的巷弄，以花崗岩砌築而成的石牆連成一線，兩旁屋脊上的燕尾在藍天中昂揚對峙，俐落好看，而綿延的屋宇更顯氣勢非凡，無論是細節或整體，都令人不禁讚嘆從前的建築工藝美學之深厚。

古厝不只好看，還很「智慧」。圍牆上的瓦花，是以紅瓦片打造而成的裝飾，同時身兼防盜鈴的功能，當盜賊攀爬入內踩上牆頭，又薄又脆的瓦花便應聲而碎，在靜無聲息的午夜聽來特別響亮，提醒屋主有所防備。由花崗岩砌成的隘門群，不僅反映了昔日聚落防禦的考量，也顯現出聚落整體規劃的縝密。自一八七六年（清光緒二年）開始動工，整整蓋了二十五年之久，果真是慢工出細活。

聚落中目前還有一些居民，也有雜貨店、小吃攤，其中，王阿婆小吃店就是陳弘銓時常光顧的推薦美味。

「一定要吃吃看蚵仔麵線，跟一般不一樣！」金門的海蚵個頭不大卻風味十足，幾乎每家餐館都有相關料理。今年已經八十三歲的小吃店老闆陳昆齊，端著一碗鋪了滿滿海蚵的麵線走來，人還沒到，一陣甘美的香氣就先襲來，爽口湯頭、滑順麵線搭配鮮美的海蚵，滋味清新不膩口。蚵仔煎同樣受遊客歡迎，「這家的粉漿不會過厚，吃得到蚵仔和雞蛋的香氣，很實在。」

騎車途中，在充滿古樸風情的聚落裡，歇歇雙腿、嘗嘗小吃，跟當地人閒聊幾句，再日常不過的舉動，與金門的距離又更近了。

03 慈湖

等候落日與候鳥

如果問金門人欣賞夕陽的好去處，十有八九大概都會回答慈湖。越接近傍晚時分，慈湖周邊的人潮也漸漸聚攏，紅通通的落日掛在海的那一頭，襯著對岸廈門高樓林立的遠景，把海面也照出了一道橘紅。沙灘上孩子們玩沙正起勁，情侶們踢著海水享受浪漫，即使距離不遠處豎立著充滿軍事色彩的軌條砦，遠方是連接小金門的金門大橋跨海施工現場，卻一點也不影響遊客們的興致。

除了看夕陽、賞夜景，慈湖也是賞候鳥的好據點，每年秋天過後、春天之前，會有為數眾多的鸕鶿飛到金門來過冬，並棲息在慈湖周圍，這期間的傍晚，除了有美麗的夕陽餘暉，還會伴隨成千上萬的鸕鶿大軍翱翔歸巢，場面十分壯觀，是冬遊金門不可錯過的奇景。

慈湖慈堤

行動補給包

單車租借：預約「單車職人工作室」，可至指定地點借、還車。350 元 / 日。

準備出發：離島自行車店家少，出發前檢查輪胎、裝備，以及道路救援的聯絡方式，以備不時之需。

路上注意：部分景點不適合騎單車進入，建議改用牽車，或將車停在定點再遊覽。

騎過不錯過

單車職人工作室
金門縣金湖鎮正義里成功 83-2 號
0921-688847
Facebook 請搜尋：單車職人工作室

陳景蘭洋樓
金門縣金湖鎮正義里成功 1 號
082-332528

王阿婆小吃店
金門縣金沙鎮山后民俗文化村 64 號
082-352388

雙溪。福隆

SHUANGXI
FULONG

文 張雅琳
攝影 廖偉丞

花蓮。好書室

張書榜 & 張齡文（美保）

嚮往東部宜人的好水好空氣，五年前選擇移居花蓮成為這裡的新住民。在他們籌備民宿「花蓮。好書室」那年，女兒澎澎也來報到。一家人平日都以單車代步，在澎澎三歲以前，要盡情走遍花蓮每個角落，在海邊待上一整天。書榜說，就是喜歡花蓮十分鐘上山、十分鐘下海，與自然最近的距離。

一家人　騎單車追火車　停留時間 2 天 1 夜　預計騎程 73 公里

總司令與淑女車
一家人的環島約定

單車環島很多人都想過，但也許只是個念頭，未必會付諸行動。「我們真的去做，是因為那年發生花蓮大地震。」花蓮。好書室民宿的女主人張齡文（美保）摟著女兒澎澎這麼說。出發，原是為了療傷。

二〇一八年震後，不僅樓塌路斷，花蓮人的心裡也是滿布瘡痍，美保形容整個花蓮就像陷入集體創傷症候群。遊客不來，民宿突然空閒了下來，到處走走，遇到的朋友個個愁眉苦臉，「連空氣都很沉重憂傷，快把我們每個人都壓垮了。」不想帶著低迷的情緒和孩子相處，美保主動向先生張書榜提議：不如出發環島吧！而且「要做就做不一樣的」，既不是公路車也不是旅行車，她手指民宿車庫停放一排的單車豪氣干雲地笑說：「我們就騎淑女車！」

帶著當時才兩歲半的澎澎，書榜和美保設定這趟樂活行程不競速、不趕路，一天騎六十公里，山路不能超過全程的一半。他們捨棄租借後掛式拖車，讓澎澎坐在後座盡情看風景。美保是澎澎的「指定駕駛」，書榜則負責載行李。點開一張張照片，發現澎澎幾乎都坐在腳踏車上，不想下車也不喜歡停下來的小女娃，就像總司令般「鞭策」著父母前進。沿途大部分的時間澎澎都在唱歌、認火車，美保笑說花蓮最常看到的就是普悠瑪和太魯閣，「一趟環島下來，區間、莒光、柴油、自強，澎澎都認得了。」

台二丙線雙溪段追火車

台二丙線雙溪段

環島第七天 台南奇美博物館（照片提供 花蓮好書室）

輕鬆騎 基福公路為你而開

從頭城出發，逆時針環完一圈，論美景排行，自然是好山好水的東部勝出，但要說起最讓兩人驚豔的，當屬環島第二天從福隆到平溪的這段台二丙線（基福公路）。和東北角「水金九」及美麗海岸所貫穿的台二線濱海公路相較之下，台二丙線觀光名氣雖不那麼響亮，卻是一條可以遊山看海、擁抱鄉間小村景致的單車公路。

這條公路始於暖暖，終點在雙溪河出海口的福隆，長度僅三十公里，自二〇一四年底全線通車後，一直深受自行車友的喜愛。除了因為全段都是以鄉道及一〇二縣道拓寬或截彎取直而來，寬敞筆直、坡度平緩，加上其中有長達九公里的路段禁行大貨車、砂石車等大型車輛，也鮮少汽機車通過，「可以拍個十分鐘都沒車子過來，」美保形容，「所以騎單車很爽！好像整條馬路都是你的。」

實際騎起來，山路因為有徐徐微風伴行，不似照片上看起來曝曬。書榜補充，這段路完全不需要考慮補給和休息的地點，因為騎起來相對不費力，「即使遇到上坡，只要努力踩個幾下，就可以滑很遠。」如果時間充裕，能沿路拜訪純樸靜謐的雙溪、古意盎然的十分等小城聚落。但三人行經此處時，才距離出發不久，因此沒有多做停留，美保笑說：「趁體力好的時候要一直騎，而且實在太漂亮、太舒服了，根本沒有辦法停下來。」有多輕鬆騎？這天他們一鼓作氣地從福隆一路騎進關渡。

插曲永遠最深刻

當然，旅行不會總是一帆風順，難免有些插曲，第一天出發的劇情就急轉直下。

原本要從頭城騎到福隆，在濱海公路時一家子還開心地走走停停猛拍照，沒想到舊草嶺隧道在宜蘭這端的入口很隱密，騎過頭再回去找，

環島第四天 新竹十七公里自行車道藍天橋（照片提供 花蓮好書室）

竟遇上隧道「關門」，他們這才恍然大悟：原來有開放時間限制。

美保很是懊惱，「如果隧道沒關，我已經在福隆吃便當了！」書榜甚至一度想騎台二線繞過東北角。最後在民宿主人建議下，從最近的火車站搭車到福隆，才順利闖關，還加碼插旗台灣最東邊的無人車站「石城」。

傍晚天色刷一下轉暗，離開路燈映照範圍，就僅能靠著微弱的車燈摸黑前行，畫面彷彿沒有顏色，只留下耳畔陣陣洶湧的海浪聲，當時的膽戰心驚，回憶起來卻是分外有滋味。書榜笑著舉例另一個意料之外的變數，出發前特地查了氣象，確認這十幾天都是順風，誰知春天真的後母心，一個氣流轉變就讓他們全程逆風高飛，風速強勁到下坡時還得用力踩踏才不會被吹倒。美保每天從後方拍書榜騎車，拍到最後鏡頭裡書榜的背影都練出了倒三角，可見旅程之精實。

看見認真生活的風景

環島回來後不意外地充滿正能量，美保逢人就說：「地震很快就過了！」甚至同年一家人又再度開車環島一圈，就是想把走過的路仔細再看一遍。「當時經營民宿兩年多，很多客人都是從各地來，交流了很多，換我們騎出去看看他們，也算是種回饋吧。」這一路看見了每處認真生活、無私幫助的風景，感動之餘，也讓夫妻倆決定往後每年都要重新啟程。雖然澎澎現在已經是媽媽口中「不想跋山涉水的少女」，美保也不願勉強，「等孩子再大一點，我們會自己繼續騎車環島，因為這是很棒的事情。」

花蓮。好書室 張書榜、張齡文與女兒澎澎（攝影 張界聰）

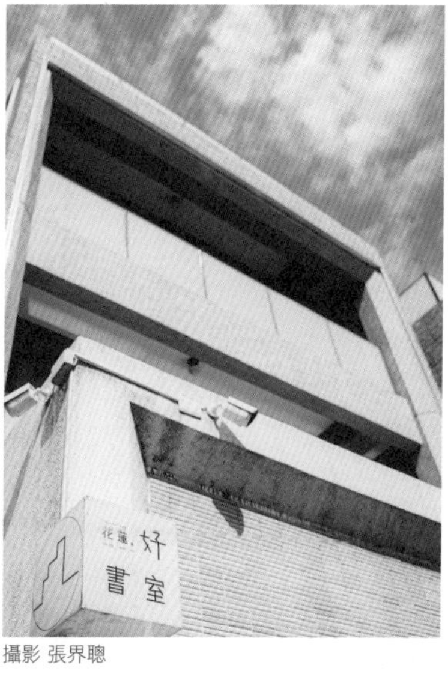

攝影 張界聰

兩公里天然冷氣房

01 舊草嶺隧道

在歷史近百年的隧道裡騎自行車是什麼感覺？應該就像是置身天然冷氣房吧！

全長超過兩公里的舊草嶺隧道，是北台灣第一條以火車隧道改建而成的單車道，從北口福隆到南口石城約十五分鐘。騎進隧道頓時涼風拂面，沿著畫有軌道的地面前行，兩旁是復古的油燈燈罩，每當隔壁新隧道內火車經過時，還可聽到隆隆火車聲，現場的音效十足。

02 比司吉民宿

有貓有畫 有生活

做展場設計的許千慧，另一個人生職業欄是民宿老闆。她喜歡兩種身分的轉換，兩邊交互成長，挑戰與快樂都是加倍。

十多年前她把家裡在福隆的閒置空間規畫為民宿，用撿來的木頭門板做成桌子，布展後留下的架子改裝成客廳書櫃。牆上的貓咪插畫出自室友、同時也是漫畫家咪仔的「三貓俱樂部」創作，其中跟著主人姓的貓老大「小許」，就是許千慧從福隆海邊撿來的浪浪。舉目所及的畫作，都是向大學同學要來「展覽」，讀藝術的她笑說學生時期的畫作不是堆在倉庫裡就是丟掉，覺得可惜，藉由這個空間，希望讓客人與藝術生活在一起。

03 雙溪點點心

山裡的小鎮隱味

雙溪境內多山，又有平林溪、牡丹溪交會，青山綠水，為它贏得「山中威尼斯」美名。自清代起，這裡作為淡蘭古道的中繼站，往來熱絡，五〇年代採礦時期，短短一條長安街（雙溪老街）上，商店、戲院和酒家林立。盛極一時。當繁華散去，只留下自一八七四年創立至今的百年中藥鋪「林益和堂」仍屹立不搖，成了雙溪最具代表性的文化地標。

斯陋的咖啡　slow的小鎮

這裡就像是被觀光遺忘的小鎮，人們常用「平溪再過去、貢寮還沒到」來形容這個名字很少被提起、總是被經過的地方，這幾年卻漸漸地有旅人慕一間咖啡館之名造訪，讓「斯陋」彷彿跟雙溪畫上等號，主人吳素鎂寫在店頭的這段話成了最佳註解：「每間咖啡館都是一座城市，推開咖啡館之門，於是我們開始旅行。」

很有個性的老闆娘，走的路也跟別人不一樣，長達二十多年的時間，她投入自己一手打造的教學場域，直到心裡的壓力化為身體警訊，才重新思量人生下半場要走向何方。「想到以前看電影《海鷗食堂》時，學生喊著：『老師，那就像是妳的店！』」吳素鎂選擇放下一切，跟著姊姊一家人到雙溪慢慢過日子。店名靈感來自劉禹錫《陋室銘》裡的「斯是陋室，惟吾德馨」，取斯陋二字，意為「這是我的小店」。後來旅人間口耳相傳，不少人從諧音解讀成slow，雖非她的本意，倒也和小店悠悠緩緩的氛圍不謀而合。

店裡的咖啡豆由專職烘豆師處理成主人喜歡的中淺焙深度，單品咖啡一次出雙杯，一冰一熱兩種風味並現，讓客人不再選擇困難。美式豆是主人精選拼配，「不用商業豆，因為我想做的就是分享好咖啡。」入喉那股甘醇味，不難想像有多少人一喝成主顧。吳素鎂分享她辨別咖啡店水準的要訣，「第一次去的咖啡館，要點它的冰美式，如果好喝，這家店就不差。」越是樸實無華的品項，越能看出店家用心。她解釋這不是跑咖啡館累積的心得，而是性格本就如此，「對食物的堅持，就應該這樣。」

菜單上的主廚自家料理，用的多半是黑毛豬、山藥等在地食材，賣相素樸，滋味卻是極美。假日人多不供應，平日想吃，也還需要一些緣分。原來出餐、收拾都是吳素鎂一人裡外張羅，雖然喜歡料理，但實在忙不過來，如果超過三、四人都要點餐，只能下次請早。常有客人推門進來問有沒有賣餐，她一律回：「你不要問，只要告訴我要不要吃，還有不能吃什麼。」她笑著補充沒說出口的內心話：「要是再問那麼多，就沒得吃了。」

上 雙溪老街
中 雙溪河景與百年中藥鋪林益和堂
下 斯陋咖啡 吳素鎂

牡丹溪畔　姊夫的麵包

「斯陋」餐點搭配的窯烤麵包，出自吳素鎂的姊夫湯頤華之手，因為深受好評，加上原本廚房空間有限，兩年前決定「擴大經營」，在走沒幾步的同條路上，開起「Jeff's Bakery」。有趣的是湯頤華本沒有英文名字，只是在斯陋時大家習慣叫他「姊夫」，開店時索性以諧音來命名，就連太太吳素媛在店裡也喊他Jeff。

在這之前，雙溪只有麵包車，賣的是一顆二、三十元的台式軟麵包，反觀湯頤華鑽研已久的歐式麵包，從口感到價位都挑戰在地客群接受度。但夫妻倆不顧市場反對，一心想做出自己喜愛的口味和品質，也一步一腳印累積口碑，吳素媛笑說：「客人就是要慢慢養。」拍攝抹茶山（聖母山莊登山步道）聞名的日本攝影師小林賢伍，曾在因緣際會下登門造訪，當時就對夫妻倆把每個客人都當家人對待的暖心互動印象深刻，還將小店放進他的《台湾日記》書中推薦。

非烘焙科班出身的湯頤華，從小跟著家人捏包子、饅頭，一開始憑著對麵粉的熟悉度，上網摸索自學做麵包。他只用好品質的食材、自己養天然酵母，讓麵包有股越嚼越香的獨特風味。他在店裡搭蓋的窯烤爐加上了蒸氣控制，是麵包外酥內軟的美味機關，紅酒桂圓麵包、肉桂卷、義式香料海鹽都是明星商品。

拚命三郎般「要做就要做到最好」的個性，如同門口吊掛木牌上頭的「一生懸命」字樣，寥寥數字，道盡職人心意。小店比鄰牡丹溪畔，客人常買了麵包就坐在門前長椅享用，眼前是無限風光，湯頤華笑說：「最好的風景留給客人。」

Jeff's Bakery斯陋窯烤麵包專賣店 湯頤華

布丁蛋糕　懷念雙溪古早味

而若說咖啡和麵包店是新秀，雙溪打鐵鋪斜對面的「海山餅店」，就是有著近一甲子歷史的老將。創辦人林海亮原是萬里人，卻因不愛討海生活而走進雙溪山城，他以「海山」為名，紀念這段遷徙過程。

過去店裡做的多半是傳統祭祀用的麵龜、糕餅，現在反而是看似不起眼的寒天布丁蛋糕，因為慎選原物料、沒有多餘添加物，在食安議題爆發後一躍成為招牌商品。走進餅店，每天現烤、等著脫模的蛋糕堆成小山，熱氣蒸騰的蛋香，成了旅人懷念雙溪的味道。第二代林偉雄接班後，更將拜拜用的傳統米香，以貢寮水梯田的有機稻米改良為「和禾米香」，希望能藉由海山這間小店，支持貢寮、雙溪更多生態農業。

揀個下午，坐進斯陋品一杯手沖，再信步到Jeff's Bakery嗑兩個歐包，離開前記得外帶三、五顆海山餅店的古早味蛋糕，這是雙溪的手感生活，慢慢的，才會留在心裡。

行動補給包

避免夜騎：注意季節的日落時間，在傍晚前結束一天行程，避免摸黑上路。

住宿選擇：午餐後開始規劃下半天路線，以用餐、投宿點較密集的地點為主。選擇有「浴缸」的民宿、旅店，透過泡澡修復長途騎車的疲勞感，建議至少兩天泡澡舒緩一次。

體力關鍵：需考量家庭成員平時是否有騎車習慣，以及孩子在車上是否坐得住。

小孩怎麼穿？戴漁夫帽、太陽眼鏡和騎車手套，腳穿襪子配涼鞋，防曬吸汗又通風。內搭洞洞衣、快乾褲，保持排汗順暢。外搭防風外套可以兼雨衣，或穿吃飯的長袖圍兜衣，前面擋風、背後透氣。

爸媽怎麼穿？四季排汗長袖車衣，冷熱天氣都適合。手套跟魔術頭巾防曬，下半身選擇壓力褲可增加肌肉支撐。

行李叮嚀：多備幾雙襪子，每日替換。

休息據點：親子單車環島，「廁所」的便利性是大重點。多利用公路上的便利商店，可以短暫休息、補充糧食。

騎過不錯過

花蓮。好書室
花蓮市林政街 33 巷 23 號
0930-106882
Facebook 請搜尋：花蓮。好書室

舊草嶺隧道
新北市貢寮鄉區福隆村外隆林街（福隆端起點）
6/1 至 9/30 開放時間 08：30 ～ 17：30，假日延長至 18：00。
10/1 至翌年 5/31 開放時間 08：30 ～ 17：00。
每日關閉前半小時開始清場，遊客請勿進入。

福隆比司吉民宿
新北市貢寮區東興街 106 巷 23 弄 15 號
0927-250717

林益和堂
新北市雙溪區長安街 3 號
02-24931333

斯陋咖啡
新北市雙溪區中正路 13 號
02-24932119

Jeff's Bakery 斯陋窯烤麵包專賣店
新北市雙溪區中正路 17 號
02-24930017

海山餅店
新北市雙溪區中華路 2 號
02-24931319

桃園大溪

Daxi Taoyuan

河西小子
為家鄉收集故事

文 高嘉聆
攝影 陳應欽

日日田職物所
高慶榮

出身桃園大溪，經過多年在外求學及工作的歷程後，發覺自己與家鄉似乎產生了疏離感，變得既熟悉又陌生。為了找回自身與土地的連結，他決定回到大溪，實地走訪各角落，號召夥伴一起推動三手微市集、新南 12 文創實驗商行的誕生，目前也在南興永昌宮的廟埕旁，設立工作室「日日田職物所」，以他藝術教育的背景、別具巧思的創意，將農村生活與青年力量串連，持續訴說一篇篇有溫度的大溪故事。

照片提供 高慶榮

一家人　大溪小鎮農 stay　停留時間 1 天　預計騎程 11 公里

新農村尋寶
騎小折串門子

日日田職物所 高慶榮

「一群傻小子，一個大夢想。」這是高慶榮為工作室所下的定義，也簡單道出了他這些年在做的事。

大學主修藝術教育，畢業後理所當然去教書，也參與了活動和展演，在外地生活一陣子後，他內心蠢蠢欲動，想回家鄉做點什麼。在一次旅程中，他突然領悟到一個地方之所以精采，關鍵在於「人」，有人就有故事，有了故事才能吸引更多人來聽故事。

二〇一四年高慶榮回到大溪，重新認識家鄉，「我本來對大溪的認識很淺薄，」許多人大概都有和高慶榮一樣的感慨，我們在家鄉生長、茁壯、成人，卻往往對這塊距離最近的土地十分陌生，「如果連自己人都不熟悉，還有誰能為家鄉發聲？」因此，高慶榮開啟了一場實驗性的旅程。

像是挖掘地方記憶的礦工

號召夥伴、集結資源，他在大溪老城區推動文創市集、藝文活動、活化老屋，並參與了木藝生態博物館的翻轉，為地方注入一股新活力。大溪以大漢溪分東西兩岸，提及大溪，一般人普遍聯想到的是河東的老街和豆干，那他所成長的河西呢？二〇一六年他跨越大漢溪，回到小時候長大的南興里，成立工作室，因為他知道，這裡還有許多故事尚未被挖掘。

他像是一個勤奮的地方知識學礦工，每天實地走訪各角落，挖掘地方記憶與價值，再將其雕琢成引人注目的寶石，而採礦的路上，陪伴他的有時就是一台紅色小折。「南興農田遼闊，在鄉間小路上騎腳踏車很舒服，視野和心胸也隨著眼前景色打開。」這也是他帶領大專生們認識河西的方法之一，若親子同遊一樣合適。

三美臭豆腐

上 埔頂公園
下 落羽松森林（照片提供 高慶榮）

「第一站一定要先認識這裡的信仰中心。」工作室旁的永昌宮，創廟以來已有兩百七十多年歷史，祀奉「五穀爺」神農大帝，每逢慶典還有神豬競賽。乍聽以為南興一帶是個客家庄，沒想到高慶榮表示，「我們這裡客家人、閩南人、原住民都有，而且每年夏天，阿美族就會在永昌宮的廟埕上舉辦載歌載舞的豐年祭！」再度見證台灣信仰的包容力。

文化滲透！老餅行捏金魚

有廟就有糕餅行，新復昌就是南興地區的老餅店。自從陳家祖先在南興落地生根後，後代開始經營雜貨生意，店號「復昌」，曾在河西一帶的民生需求上扮演重要角色，不但可進行菸酒鹽的專賣，還販售煤炭、碾米、糕餅、金香、棺木等。後來分家，由「新復昌」繼承糕餅業的生意，目前已傳承到第四代陳盈年，櫥窗裡大大小小的老模具，就是最佳見證。

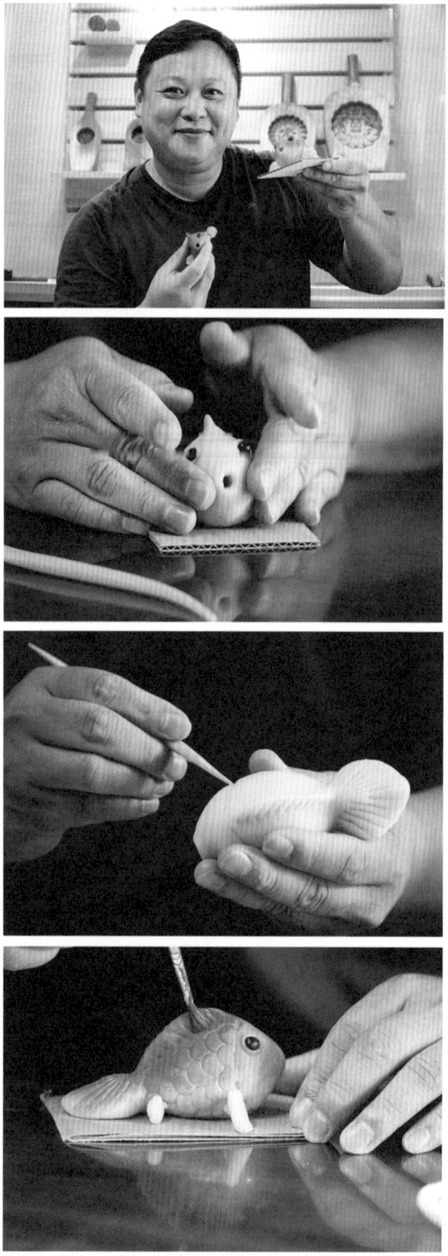

塑形、畫鱗、上色，新復昌食品行第四代陳盈年巧手捏魚麵。

每逢元宵節、中元節及農曆四月二十六日五穀爺誕辰來臨前，是新復昌一年裡頭最忙碌的日子，壽桃和麵龜做不停，中秋前夕則是忙著做過節的餅，生活跟著節慶走。

除了製作糕餅，陳盈年也是捏麵高手。傳統祭祀文化中，會將麵食做成牲禮、蔬果等形狀，作為供品，陳盈年融合現代人的喜好，鑽研出Q版又不失真實的捏麵。巧手如他，十五分鐘就輕鬆將一隻金魚捏製、上色完畢，這項傳統技藝如今成了新復昌的寶貴資產，遊客慕名來參觀，陳盈年也到當地學校傳授捏麵技巧，教孩子們從最簡單的南瓜和金魚做起，同時也向他們訴說糕餅產業及祭祀儀式的典故。文化的滲透，就靠這樣點滴累積。

幫農村找出新趣味

做中學，學中做。高慶榮會在騎程中安排大人小孩都喜歡的實作活動，像是在雙口呂文化廚房認識米、學做粿，以及到323溫室精緻農場採水果、拔蔬菜，有得玩又有得吃，兼具學習和趣味。

跟著高慶榮的腳步，騎讀大溪，除了顛覆對大溪的既定印象，還會發現農村不同以往，到處都是亮點，嬉遊大溪的方式多了其他可能。「設計在農村，不只是視覺，更是設計一種生活與認識土地的方式。」現在的他，手上已經有許多大溪好故事，就等你來聽。

空中俯視茄苳溪畔的落羽松森林

01 日日田職物所

為故鄉做一件事

照片提供 高慶榮

這裡是高慶榮的工作室，不時舉辦採報名、預約制的工作坊，例如木作、釀造、植物染等課程，連結地方上神農大帝信仰，發展出青草學堂，也致力農村美學復興，還找來地方媽媽教做客家菜包，任何有趣的事在這裡發生都不稀奇，但每一場活動所述說的都是南興。

工作室前身其實是永昌宮閒置的倉庫空間，經由高慶榮和夥伴的整理才有今天樣貌。關於命名，高慶榮說，「日日合在一起就是田字，期盼以日常凝聚出一種好生活的設計態度，回到農村，持續深耕與土地的親近。」不過，聚落的變化很快，說變就變，南興自從大型的交通建設後，地景和人口快速改變，與高慶榮小時候的印象已截然不同，「這時候更需要認同感。」

他舉例，工作室前方有一對老樹，兩株年齡差不多，但外觀形態完全不同，他找來攀樹教練教大家爬樹，參與者都玩得不亦樂乎，也讚嘆：「原來可以這樣玩！」一旦讓人們產生興趣，就像埋下種籽，種入人心，持續澆水施肥，就能慢慢長出認同感，進而使農村潛在的能量越來越大，有了力量，就有翻轉的可能性。

日日田也把種籽帶給下一代，不時辦活動帶孩子們走讀南興，將散落在河西的據點串連成農村小旅行。未來，工作室也預計結合小賣所的功能，將農村好物齊聚一堂，讓旅人更直覺地感受到南興的好。

02 雙口呂文化廚房

炊粿 回味阿嬤時代

在傳統的三合院裡，站在炊煙裊裊的大灶前做粿、炊粿，這樣的畫面是否讓你想起了阿嬤？

「每逢年節的喧騰，背後是每位辛勤婦女穿梭廳堂和廚房的身影，阿嬤們就是最鮮明的代表。」有感於阿嬤時代的米食逐漸被淡忘，黃騰威、周佩儀夫婦決定重拾阿嬤腦海中的食譜和看似平凡的技藝，以粿為主題，用阿嬤的姓，成立雙口呂文化廚房，推廣及教學閩客米食文化。

照片提供 雙口呂文化廚房

成立之初，在他們的理想畫面中，做粿當然要在三合院裡才對味，然而，找房子卻四處碰壁，幾度想要放棄，就在萬念俱灰之際，他們遇上了高慶榮。「雙口呂所在的高陽堂古厝是我的老家。」高慶榮在得知他們的計劃後，以實際作為表示支持，將三合院老家閒置的空間交由黃騰威、周佩儀，他們找來設計團隊地衣荒物重新打理內部環境，舒適又別具巧思的空間於焉誕生。

「如果文化是母語，食物就是共通的語言。文化是我們的根，連繫著世代，更串連著與這片土地的關係；飲食是一個地區的產物，它代表這塊土地上的人、事和物，我們能透過它窺見時代的背景。」抱持這樣的信念，雙口呂花了三年時間向阿嬤學做粿，從過年的年糕、發糕，到年末的冬至湯圓，做了三輪，他們也漸

照片提供 雙口呂文化廚房

上 阿嬤的做粿模具與雙口呂文化廚房一角 （右圖照片提供 地衣荒物）
下 雙口呂文化廚房 黃騰威、周佩儀

漸勾勒出符合現代人或初學者的食譜，而這樣的過程，似乎也讓阿嬤的心境起了小小變化。

「阿嬤做粿做了一輩子，一開始不解為什麼我們要學這麼辛苦的事，但到後來，她似乎覺得總算有人珍視她做了八十幾年的事，甚至還會問我們什麼時候要再一起做粿？」每一位阿嬤都是令人疼惜的瑰寶。

內部空間裡也能嗅到阿嬤家的味道，那座木櫃、這塊木料，都是從阿嬤家搬來，設計團隊也發揮改造創意，將破損的蒸籠化為展示置物櫃，倉庫裡挖到廢棄木門，加裝裁縫機車腳後就成了長桌，而目前所見的窗戶也都出自舊木窗。

木工師傅賦予這些舊家具新的生命，就如同雙口呂正在做的事一樣，為傳統米食文化勾勒當代面貌，讓這份技藝繼續流傳。

03 323溫室精緻農場

「每個季節來到這裡，都有不同的採果樂。」高慶榮說，這裡是單車路線中很受歡迎的據點之一，每逢採果季很常看到親子檔出沒。

占地五甲的溫室農場中，冬天有熱門的草莓和玉女番茄可採，夏天還有甜度很高的哈密瓜，一年四季都有的無花果滋味也很不賴，蜜味香濃、口感柔軟，每一顆都長得很飽滿，能在觀光果園裡吃到新鮮無花果也是台灣難得一見。

農場主人李傳成原本是載運蔬果的司機，曾與其他果農取經學習，後來便租地改行當果農，女兒李玉雯也一起來幫忙農場大小事，她說，十二月下旬待草莓成熟，是果園最熱鬧的時期，幾乎每天都有家長帶孩子來採果，玩得不亦樂乎。近年來，氣候比較不穩定，她也提醒，來採果前，最好打通電話事先詢問現場狀況，避免白跑一趟。

照片提供 323溫室精緻農場

行動補給包

鄉間小路：部分鄉間道路較窄，須注意對向來車。

參觀注意：落羽松森林為私人用地，秋冬變色時期遊客較多，參觀時須注意現場指示。

公共單車 YouBike：永昌宮、埔頂公園皆設有 YouBike 租借站。桃園市大溪區共有 9 個租借站點，加入會員使用一卡通、悠遊卡租借，使用前 30 分鐘免費。單次使用信用卡租借，四小時內每 30 分鐘 10 元。

騎過不錯過

日日田職物所
桃園市大溪區仁和路二段 190 巷 37 號
03-3807168
Facebook 請搜尋：日日田職物所

南興永昌宮
桃園市大溪區仁和路二段 190 巷 27 號
03-3806459

新復昌食品行
桃園市大溪區仁和路二段 200 號
03-3801616

雙口呂文化廚房
桃園市大溪區南興路一段 277 號
03-3802737
Facebook 請搜尋：雙口呂 Siang kháu Lū

落羽松森林
桃園市八德區浮筧 16 鄰 1 號（位於大溪交界處）

323 溫室精緻農場
桃園市大溪區埔頂路一段 357 巷 246 號
0953-797773
Facebook 請搜尋：323 溫室精緻農場

大溪仁和宮
桃園市大溪區埔頂街 19 號
03-3802836

三美臭豆腐
桃園市大溪區仁和路一段 191 號之 1
0952-181192

大溪賴祖傳豆花
桃園市大溪區仁和路一段 59 號
03-3909840

坪林◎石碇

PINGLIN
SHIDING

豁然開朗 全視野單車茶路

文 張雅琳
攝影 張界聰

單車達人
Eddie Chen 陳忠利

單車部落格人氣作家，十多年來規劃出許多經典單車路線，和太太 Toby 一起用圖文、影像記錄單車行旅，不僅熱心分享經驗，也致力於重新建構台灣的單車文化。著有《海平面以上，3275M 以下，迷戀單車國道》、《台灣，用騎的最美：和她騎出屬於自己的單車故事》、《單車・部落・縱貫線》等書。

達人挑戰　騎進茶業歷史現場　停留時間 1 天　預計騎程 70 公里

一條百年商茶道

「很多人問說騎單車的樂趣到底在哪？其實騎的時候就是一種樂趣。」聽Eddie聊單車，很容易入迷，感覺從他口中講出的話特別有說服力，他把過去擔任汽車銷售員能言善道的好口才，用在行銷自己最愛的單車上，頭號粉絲就是太太Toby（龍美華）。

起先，Eddie因為汽車業務工作，發現代理的品牌是以製造單車起家，多年來更在被譽為「單車界F1」的環法自行車賽中擔任領頭車，出於好奇，也想藉此運動健身，他開始騎單車上下班。「我覺得騎腳踏車很棒，」Eddie笑說，「可是問題來了，太太不見得這樣覺得啊！」最好的辦法，就是「推坑」太太一起加入。他花了半年時間陪騎，如今夫妻倆成了單車路上的逍遙伴侶，「共同話題多到沒時間吵架。」像這樣的放閃，已是日常。

鰱魚堀溪自行車道

有梗的東北角三金之路

這股至今不過十多年的單車熱潮，正方興未艾，雙輪在土地上轉動的同時，Eddie認為屬於台灣的單車文化也逐漸成形。「單車是非常接地氣的運動。」台灣有兩百多座三千公尺以上的高山、有溫熱帶邊界衍生的豐富生態環境，如何才能突顯MIT的特色？

他從地形、氣候、人文等面向切入，拉出主題路線，近期最「金」典的，就是以台灣東北角曾經繁華的產業為主軸，探訪新北深坑、坪林、石碇、平溪到瑞芳一帶，規劃出綠金（茶）、黑金（煤）、黃金（金、銅）的三金之路。Eddie形容自己：「每年就是在做這些瘋狂的事情。」

之所以挖掘出這些珍貴礦藏，要回推至二〇一八年Eddie受體育署委託，為優化地方自行車道，重新盤點坪林地區適合騎遊的路線。當時，常帶著外國背包客到處騎單車的YouTuber張修修向他提問：有沒有什麼梗，可以讓外國人透過這個故事認識台灣？或是能藉由什麼主題，讓台灣與全世界連結？「剛好我在查閱坪林的文獻資料，就想到茶。」

跟著茶葉去旅行

Eddie追古溯今，透過更多閱讀及實際騎訪探勘，最後在一張一八九八年日治時期繪製的「台灣堡圖」中找到可能的答案：勾勒出一條台灣茶由產地運送到全世界的路徑。他從輸送貨物的大稻埕往上游追溯，來到深坑、石碇和坪林這三個產茶聚落，再由坪林延伸至宜蘭，北台灣特有的「單車茶路」就這麼躍然紙上。「假設我今天帶團騎車，會把自己設定是一個『策展人』的身分，做足功課去了解這個地方的故事，內化到心裡面，騎的時候就會更有感覺。」這條茶路，正是Eddie透過單車闡述台北近代發展史的一場行動展覽。

「早年山區交通不發達，茶葉收成後，大多由水路送往艋舺、大稻埕。」因此，Eddie模擬當年的水運路線——景美溪，循線沿河濱自行車道往上游彎繞進入山區，沿途可以觀察比較深坑、石碇和坪林等三條老街隨著時代更迭的不同面貌。走完有如時光隧道的石碇老街，便進入景致和陡度一樣精彩的一〇六乙縣道（豐田公路），踩踏這段前身有百年歷史的保甲路（日治時期村里間聯絡出入的道路，寬度僅能步行），越過海拔約六百公尺的制高點，就能在兩側茶園的美景撫慰中下滑到坪林。

北勢溪自行車道

為了更好玩 爬坡不要怕

想從比較輕鬆的路線入門，Eddie最推薦從坪林老街到鰎魚堀溪自行車道這段，「不僅自行車道很平緩，坪林的小吃、伴手禮也一應俱全，符合旅遊型的旅人需求。」但他也強調，如果想玩到最好玩的地方，還是需要具備爬坡能力，「要越過這道門檻，得花一點功夫。」所以部落格的Logo圖案刻意避開單車，而改用騎乘的動作，就是想傳遞「運動」二字是腳踏車不可或缺的核心價值。「很多人認為把路線設計得比較輕鬆就好，」Eddie補充，「但台灣境內有百分之七十是山地，如果畏懼爬坡，能去的地方變得有限，我覺得很可惜。」

他悉心記錄每一次的旅行，光是從旁看著太太Toby從長年生活在都市裡頭，轉變成日漸熟悉這塊土地，甚至出外騎車時常半路「失蹤」，原來是聊天聊到別人家裡去，過程點滴都是收穫。Eddie回想年輕時騎著摩托車載太太四處兜風，也開車玩遍各地，現在反而是騎單車的體驗與感動，帶著他們走得更遠。「希望透過我們這樣的實際行動，鼓舞大家多跨出去一步。」Eddie語帶期盼地說：「台灣的單車文化，大家一起來寫！」

單車部落客 陳忠利

北勢溪自行車道

淡蘭古道石碇段——外按古道

01 跑馬古道・外按古道・不見天街

由坪林接往宜蘭的北宜公路，過了最高點的石牌（金面大觀）之後，不妨走一段「跑馬古道」，Eddie說到這裡走的依舊是舊地圖上的保甲路。騎單車的人要從台北到宜蘭，可不只有一條公路，Eddie私心喜愛的路線，是烏來三大越嶺古道之一的桶後越嶺步道，過了最高點鞍部就一路下滑到宜蘭。跑馬古道則是他十年前剛開始騎登山車時，跟著車友跑過的路徑。

全程皆為碎石路的跑馬古道，為清朝年間往返淡水廳到噶瑪蘭廳的要道。因先民在這條古道上放置圓木枕鋪成軌道，以木馬（運送木材的工具）搬運木材，所以有「木馬路」之稱；二戰期間，為日軍騎馬巡邏的戰備道，居民稱之為「陸軍路」或「跑馬路」。爾後礁溪鄉公所重新整理這條古道，就以此命名。如今若想依循茶路的歷史路徑探訪，因假日健行的登山客多，Eddie也提醒要改採牽車步行。

另一段被Eddie形容為「扛車仍值得走一遭」的外按古道，位於石碇溪左岸。這裡原為淡蘭古道的石碇段，因興建北宜高速公路已被破壞，不復存在，後來由石碇區公所依據古道遺址，重新鋪整成一條兩公里多的平緩步道。古道雖不古，一路施施而行，漫漫而遊，箇中卻有幽幽古意。古道分為兩段，外按橋是步道中點。中後段的觀景平台至員潭子坑橋為古道的精華路段，碎石路面伴溪而行，遁入林間倍感涼爽，橋畔溪流彎處水深而清，還有野鴨、水鳥嬉游。

出了古道，Eddie建議順遊全台碩果僅存的「不見天街」石碇老街，老街上的打鐵鋪、豆腐店都有百年歷史，遠近馳名。而從日治時期保留至今的「吊腳樓」屋舍，是當地居民為解決腹地狹小所衍生的建築形式，可駐足橋上欣賞房屋的一部分僅靠著柱子支撐、懸空於河床上方的樣貌。石碇西街早年因龐大的茶葉交易而成為鬧市，後因礦業發展，重心轉移至東街，如今繁華不再，倒也格外有番寧靜自得的美麗。

石碇老街

02

坪林人情味小吃

老手藝剉冰　包種茶喝通海

騎車運動怕身體冷掉，即使中途休息也不會停留太久，但能夠讓Eddie每次經過坪林就想停下來吃點東西的，就是這家位在水柳腳和老街轉角不遠處的「伊豆丸」。飯、麵、甜湯一應俱全，餐檯旁一字排開的小菜照片更是教人眼花撩亂，「他的甜不辣麵很好吃，」Eddie笑說，「不過我幾乎都是吃剉冰。」

老闆娘葉憶霞原本是和先生以餐車創業，在大佳河濱公園賣關東煮起家。意外報到的二寶，讓他們開始思考固定店面的可能性。幾經搜索，相中了有旅遊潛力、自然環境又適合孩子成長的坪林，在十一、二年前舉家搬過來。來到異鄉，起初卻是慘澹經營，原來在地務農、勞動量大，「客人一看只有關東煮就搖搖手走掉了。」

後來葉憶霞靈機一動：夏天何不就賣剉冰？「我媽媽以前在新莊就是做這個的，很多輔大學生都吃過。」於是向母親搬救兵，從煮糖水、配料一一學起。葉憶霞笑說早先還有刁嘴的客人，一吃就知道今天的糖水不是出自老老闆娘的手藝，熬了幾年才終於練出讓客人沒得挑剔的火候。

冬天山上冷，還是需要熱食，葉憶霞把耗材量大卻不好賣的關東煮濃縮成甜不辣。她對客人幾乎是有求必應，小菜品項被「點菜」陸續新增，「有對愛吃豆花的夫妻也是常客，每次來都說想吃吃看我做的豆花、覺得一定好吃。」在客人猛灌迷湯下，她撩落去做厚工的手工豆花，「做好就巴不得趕快賣光，賣完了要再做又覺得很煩。」終於有一年生日時，葉憶霞忍不住買了脫漿機當作自己的禮物，從此接到二、三十碗的學校訂單也能談笑風生。

如果開團帶車友騎車，Eddie會到台九線上的「泰源茶莊」，吃一桌家常味。茶葉入菜是坪林餐廳的標配，舉凡茶油麵線、茶香米血、茶香豬腳、茶油雞湯等，但凡看到菜單上有個「茶」字的，都是招牌。不過客人大多醉翁之意不在菜，而是店裡免費提供客人暢飲的包種茶。夏天冷泡香氣清冽、冬天熱茶溫潤甘口，慕名而來的客人都懂得自備瓶子「外帶」，老闆陳燦煌笑說有的人直接拿大罐子來，「我還跟客人說不夠的話你過兩小時再來，我再補給你。」一桶六加侖的茶桶，假日時一天要用上六到八桶。回甘的不只茶香，還有茶鄉殷切招呼的暖暖人情。

03

鱷魚堀溪自行車道

八公里美景耳朵也做SPA

坪林三條自行車道裡頭，若以騎乘感覺最棒的，Eddie最推薦「鰱魚堀溪自行車道」，或許因為名稱不易搜尋，讓這裡成為僅有少數內行玩家才知道的祕境，他回憶初訪探路時簡直驚為天人，「真的很美，不輸日月潭。」

步道為自行車與行人共用道路，沿溪蜿蜒高架而築，青山伴綠水，澄澈溪流底下，不時可見成群鯉魚優游。「鰱」字閩南語發音為「呆」，閩南人稱鯉魚為呆仔魚，當年先民在此拓墾時，就以此情景將這裡命名為「呆魚堀」。單程近八公里的步道，平緩易行，沿途有不少景觀橋及平台可親近觀賞生態。茶園、梯田等景致療癒入眼，潺潺水聲也讓耳朵做SPA，一解旅途疲憊。

行動補給包

分段進行：慢騎河濱自行車道「新店溪－景美溪」、挑戰單車茶路「坪林－石碇」。
服裝建議：市區騎車輕鬆休閒即可，往「坪林－石碇」可穿排汗車衣、車褲。
特殊氣候：坪林位於地勢較低緩的山凹處，要注意夏天午後雷陣雨、冬季地面濕滑，建議穿著抓地力較好的登山鞋。
陪騎撇步：新手在前，老手在後方確定騎車節奏、動作是否正確，也可避免單車新手因跟不上速度而萌生退意。
騎腳踏車沒有不摔的：必備頭盔、手套，也可以背後背包，不慎摔車著地時就有最好緩衝。

騎過不錯過

伊豆丸剉冰
新北市坪林區水柳腳7號
02-26658183

泰源茶莊
新北市坪林區北宜路八段207號
02-26657292

跑馬古道
北入口在石牌金面大觀旁，約北宜公路58.9K處。

淡蘭古道石碇段（外按古道）
雙向進出，可從淡蘭吊橋進入，或沿石碇西街步行約10分鐘抵達員潭子坑橋入口。

鰱魚堀溪自行車道
走台9線至黃櫸皮寮，切入下行產道約650公尺至渡南橋頭，即可抵達入口。或由北勢溪觀魚步道經坪林吊橋至景觀橋，約步行20分鐘即可接上鰱魚堀溪自行車道。需原路折返。

台中赤崁頂

TAICHUNG

日本歐吉桑的136朝聖路

文 高嘉聆
攝影 林科呈

單車淨山歐吉桑
下坂泰生 Yasuo Shimosaka

移居台灣七年，目前定居台中北屯。在網路上，他是「色色的日本人的歐吉桑」，在臉書粉絲專頁上，向六萬多名粉絲分享台日兩地的生活觀察；在單車圈，他騎單車撿垃圾、熱心環境維護的事蹟，幾乎無人不曉。他是這樣自我介紹：「愛腳踏車，也愛台灣。」在他眼中，台灣有很多連台灣人都沒意識到的優點，希望藉由單車，奉獻他對這片土地的關懷，並且展現台灣各地的魅力讓更多人知道。

達人挑戰 一兼二顧的朝聖路　停留時間 1 天　預計騎程 38 公里

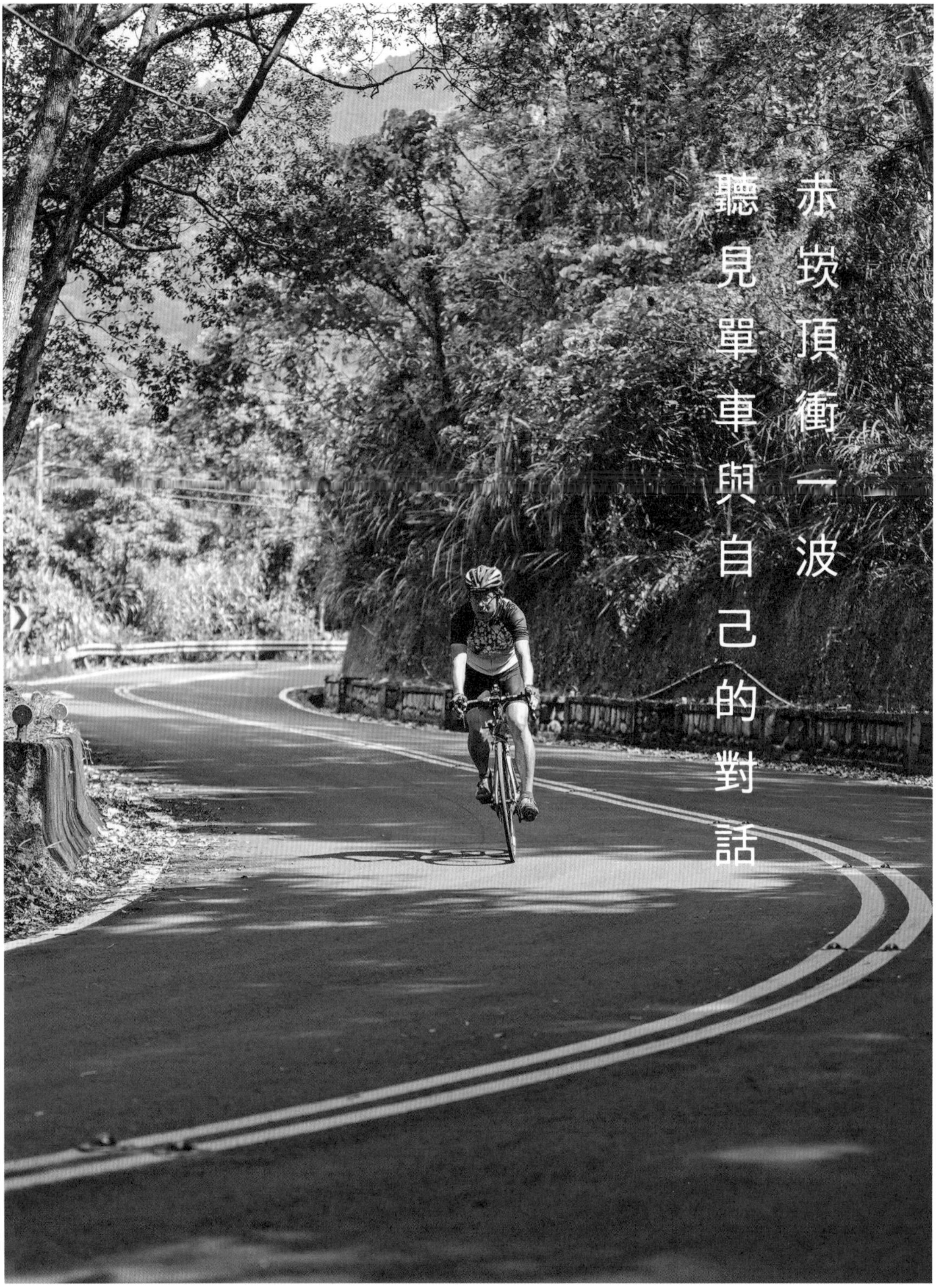

赤崁頂衝一波
聽見單車與自己的對話

「台灣有很多騎自行車才能看到的事情，因為自行車的速度剛好，開車和摩托車速度太快，會看不見。」來台灣七年了，Yasuo的中文很流利，有時帶日文慣用語法，但聽他聊單車，特別能感受到誠意，慢慢想、慢慢講，一字一句，仔細推敲，用簡單的語彙和句型，精準地點出單車低速模式下的台灣風景。

幾乎走遍台灣各地，他選擇台中作為落腳處，「我覺得台中的自行車環境在台灣是最好的，」台中的單車路線多、距離城市近，Yasuo信手拈來，谷關、新社、北田、大雪山、望高寮、藍色公路、一三六縣道、中正露營區、豐原公老坪，每條路線的風格都不一樣，想輕鬆騎車也有高美濕地、后豐鐵馬道、東豐自行車道等選擇，「而且路線很集中，騎完可以加碼下一條，也可以自由搭配路線，非常方便，好像吃自助餐一樣。」反觀日本，單車路線比較分散，不如台灣騎得過癮。

超幸福的撿垃圾車隊

不過，在台灣騎著騎著，他看見滿地垃圾。

五年前，當他沿著一三六縣道騎上有「台中單車聖地」之稱的太平赤崁頂時，「看不到地上的草或泥土，腳必須踩在滿滿的垃圾上面。」這份衝擊沒有讓他退卻，反而興起了撿垃圾淨山的念頭。於是，他背上竹簍、買了垃圾袋，帶著長夾騎自行

車上山，憑一己之力把赤崁頂的驚人垃圾量打掃完畢。「但是過了兩個星期再來，垃圾又出現了。」

他比較台中其他的單車路線，發現原因出在赤崁頂沒有設置垃圾桶，為此，他自行搬了一個垃圾桶上山，但效果仍有限，他決定向台中市政府遞陳情書。「本來以為會被拒絕或不被理會，沒想到市政府動作很快，設置新的垃圾桶，也安排垃圾車每星期來收一次垃圾。」Yasuo 非常感動，「以前撿垃圾要花一個小時，現在環境改善很多，雖然還是會有垃圾，但是五分鐘就可以撿完了。」

現在撿垃圾重地還新增了「單車族聖山」武嶺，據他估計，或許因為武嶺的觀光性較強，垃圾量居然是赤崁頂的百倍之多，他不時在網路上號召「撿垃圾車隊」上山，帶動不少車友響應，在外人看來很辛苦，但他覺得十分幸福，「雖然這個行動小小的，但讓我有很大成就感，終於可以貢獻台灣了！」他的垃圾桶事蹟也登上國中社會科的課本，讓他直呼開心，還要把教科書當作傳家寶。

連續髮夾彎　鐵腿也甜蜜

太平赤崁頂這條路線的挑戰不小，全長約十五公里，後半段不斷爬坡讓不少車友又愛又恨，連續的髮夾彎也增添了騎行的刺激感，但 Yasuo 就是獨鍾這條路線。他認為太平赤崁頂與知名的新北不厭亭、苗栗仙山境路線相似，卻沒有過多的觀光氣

息，就是這種很「純」的感受，讓他一騎再騎也不厭倦，尤其經過密集的陡坡和彎道後，在那個快要軟腳的瞬間，眼前終於見到登頂山巒疊翠的好風光，當下覺得風景特別美，連呼吸都是甜的，他用吃來比喻：「就像爬了很久、很累的坡後，普通的茶葉蛋也會變得特別好吃。」

熱血歐吉桑的兩種勇氣

實際跟著他的腳步上山，週日的一三六縣道單車人潮比想像還多，由於這條路線也深受重機車友喜愛，Yasuo建議早晨是最佳的騎行時機，中午過後車潮增加，路況需多加留意。登頂後還有體力的高手們，不妨接續挑戰「大三元」，也就是順道將新社中興嶺、和平白毛山兩座山頭「撿回家」，Yasuo還曾企圖挑戰「大六元」，即大三元騎兩圈，全程約一百九十公里，但最終宣告失敗、下回再戰。「自行車帶給我兩個勇氣，第一是克服困難的勇氣，第二是不要勉強的勇氣。」誠實面對自己，是車齡十五年的他所得到的人生體悟。

從過去到現在，他一路看著一三六縣道和赤崁頂的轉變，頗有參與其中的成就感，開玩笑說自己像是經紀人：「好像把一個明星養大的感覺。」看來，這個一三六赤崁頂最佳代言人的角色，將會是他的終身志業。

01 太平蝙蝠洞

準備戰鬥 不落地前的歇腳處

從太平一江橋開始，一三六縣道至赤崁頂這段路程中，其實沒有太多景點、觀光色彩較淡，不過，這份純粹，反倒成了魅力所在。

太平蝙蝠洞是這條單車路線上的中點，也是少數適合停下來的休憩站，Yasuo說，不少車友將這裡當作歇腳處，因為騎上去就是充滿考驗的「陡坡不落地」，抵達蝙蝠洞的同時也像是提醒單車客們：甜蜜時光即將結束，趕緊拿出戰鬥力來！

蝙蝠洞是早年當地農家為了灌溉農田，開鑿的人工灌溉渠道，一路貫穿三座山，將頭汴坑溪的水引至農田灌溉，但在八七水災後，渠道失去引水灌溉的功能，年久失修任其荒蕪，於是吸引了喜愛潮濕陰暗環境的蝙蝠棲息。洞口狹小、寬度只容一人通行的洞穴，入內探險建議攜帶不打擾蝙蝠的照明設備，洞內地面仍有些許水流，需注意腳步及安全。

回到一三六縣道上，往山下方向，距離約兩百公尺處，為蝙蝠洞延伸步道的入口，此處涼亭聚集了單車族歇息、賞景，過了吊橋有長約四百公尺的步道，是從前方便採收竹筍的運筍道，因此沿途竹林密布，但起伏落差大，想一探可得有好腳力。

02 樂在其中 Le Cafe

石頭屋裡喝杯咖啡

如果不是親自到訪，實在很難想像在太平的山區，有個漂亮的小花園，裡頭佇立一幢宛如歐洲鄉村小屋Cottage的建築，不過這裡可不是隨時想來能來，得先打電話預約，抵達後大門才會緩緩拉上，迎面而來的是人稱「阿樂」的老闆廖信，原來這是一家採預約制的精品咖啡館。

「採預約制主要是因為這裡座位有限，而且只有我一個人打理，怕忙不過來會影響服務品質。」阿樂一面客氣解釋，一面專注沖起咖啡。從事咖啡這行已經十多年的他，聊起咖啡十分健談，烘豆不假他人之手，杯具使用的是骨瓷或水晶杯盤，端上單品咖啡時，會有冷、熱兩杯，「每種咖啡豆，冷熱都有不同風味。」一款單品，可以享受兩種讓味蕾跳舞的感受。大概就是這份對咖啡執著、細緻的心意，讓這裡開業七年以來累積了不少死忠的咖啡迷。

令人放鬆的不只是咖啡，還有環境。小屋外觀看起來是以石磚打造，走進室內才發現它是不折不扣的木屋。推開門，木質芬芳迎面襲來，給自己一晌咖啡時光，倘若再搭配老闆的手作甜點，那真是讓人身心完全都放鬆了。

這棟小屋有股神奇魔力，足以讓人在山中忘卻時間，流連忘返。

03 頭汴坑溪自行車道

逍遙的秋色裡兜風

如果說太平赤崁頂是鍛鍊意志力的進階路線，那麼，頭汴坑溪自行車道就是輕鬆寫意的大眾路線了。顧名思義，這條自行車道沿著頭汴坑溪兩岸河堤規劃，可一路從太平一江橋騎行至大里立仁橋，來回約十一公里，在一江橋這頭設有iBike，方便租借公共單車，沿途路況平整，是連小朋友都能輕易上手的單車路線。Yasuo有時晚上空閒也會來這裡悠哉騎，享受微風吹拂。

一年之中，秋天，大概是頭汴坑溪最美的時候了。溪流枯季，圓圓的石頭從溪底露出來，河岸兩旁白絨絨的芒草隨風搖曳。秋日的光線特別柔和，尤其午後，像是蓋上一層暈黃的暖色系濾鏡，水色清透可見魚，三三兩兩的釣客或站或坐，閒適自在，令人不禁也想拿把椅子，就這樣坐望溪水一下午。還有什麼比這個更逍遙的秋色呢？

04 太平買菸場

封存一甲子菸業風華

太平著名的農產是枇杷，但更早之前是種菸草的大本營，全盛時期周遭種植菸草面積多達三百多公頃。這段歷史，似乎早已為人所遺忘，但在太平買菸場可見證台灣菸草產業的發展和興衰，騎在太平的土地上，不妨順遊此地、認識在地歷史。

根據記載，一九三六年（昭和十一年），太平地區就開始種植黃色種的菸草，但當時並沒有設置菸草收納場，直到一九五五年，因為菸草產量不斷增加，才興建了太平買菸場，作為公賣局收購菸葉、鑑定品質的集散場所。

隨著時代變遷，產業結構和都市計劃大有改變，太平種植菸草的面積逐年減少，菸農們也轉投入利潤較高的加工業，從前大片的菸草田，慢慢轉變成小型加工廠，菸草產量降低，買菸場的去留成了問號，最後在一九九四年被裁撤。

閒置後的買菸場，直到二〇一八年八月才重新對外開放，一部分的空間透過相關器具及昔日相片的陳列，重現過往菸葉買賣場景。另外一部分，則作為晚年長住太平的藝術家陳庭詩的紀念館，展出他一系列的鐵雕和版畫作品。其中鐵雕的創作媒材多半來自拆船廢鐵、工業零件、日常棄物等，這些廢物經過陳庭詩的重組，產生了新的生命，正如同買菸場這棟歷史建築，一改前身，如今也有了煥然一新的面貌和任務。

行動補給包

自帶維修：太平往赤崁頂的方向無自行車店家，建議攜帶內胎、維修工具，若爆胎時可派上用場。

體力補給：前往太平赤崁頂體力消耗大，沿途要不斷補充水分，以免身體脫水。

量力而為：陡坡很考驗意志力，不用勉強自己一次攻頂！時常鍛鍊，設定每次距離與目標，才能體會路上風景與騎車樂趣。

騎過不錯過

樂在其中 Le Cafe
台中市太平區頭汴里北田路 30 巷 65 號
04-22772280（需預約）
Facebook 請搜尋：樂在其中 Le cafe

太平買菸場
台中市太平區東平路 464 號
04-22790446

太平蝙蝠洞
台中市太平區中埔產業道路 356 號

頭汴坑溪自行車道
位於太平區一江橋和大里區立仁橋之間，來回全程約 11 公里。一江橋盡頭處可接 136 縣道，作為上赤崁頂的暖身，或下山後的延伸路線。

CALENDAR

鐵馬行事曆

每一種行速度，帶你看見不一樣的風景。

時速十五公里，有風吹風，想停就停。租借一台公共自行車穿梭城鎮小巷，或是騎小折小徑輕鬆悠遊河濱自行車道，想再進階一點，跟著「臺灣自行車節」系列活動的腳步，挑選偏愛的主題和難易度，六個不同的鐵馬梗，重新體驗腳下的土地，每次出發，都有意外收穫的感動。

小鎮覓覓遊

騎遇福爾摩沙 FORMOSA 900

九天九〇〇公里的環島路線，以每小時十五公里心適速度前進。台北市政府出發，騎進桃園大溪，整個小鎮就是一座木藝生態博物館。再往新竹市舊城區，帶一包「水潤餅」充饑正好。彰化鹿港穿街走巷，職人師傅隱身其中。屏東東港吃一碗獨有「肉粿」，滷肉、香腸片和蝦猴點綴，再淋一勺米漿，好滋味讓人心心念念。繞過南橫前進台東池上，沒有電線竿的稻田，看見本質的美。北上東部客家村「花蓮鳳林」，尋找菸樓聚落。環島結束前，不忘到宜蘭頭城走老街、逛漁港。以小鎮為題，一路走走停停，看見曾經錯過的鄉鎮風光。

全年齡追風攻略

日月潭 Come！Bikeday

不同於過去的玉山塔塔加挑戰賽，二〇一九年的「日月潭 Come！Bikeday」結合在地小鎮，以日月潭潭區為中心，分為兩大主軸。「區外」從車埕出發，沿著水里溪往水里騎，近百年的大觀水力發電廠服役中，台電宿舍福利社裡，用二坪山泉水做的枝仔冰透心涼。另一頭往「集集」方向，綠色隧道裡一邊騎單車、追火車，還有樟樹林茂密遮陽。日月潭「區內」的路線可依照年紀與難度區分，向山遊客中心的廣場草皮，邀請二到六歲的小大人體驗滑步車，大人版的則是三十公里的「環潭挑戰賽」和十公里的「單車逍遙遊」。

來場單車 Party

臺中自行車嘉年華 Bike Taiwan

BIKE TAIWAN

台中不僅是自行車大廠的發源地，周邊零件代工也扎根於此。十一條鐵馬道、超過六〇〇公里的單車路網，打造自行車產業聚落。「三十八K+五K輕兩鐵挑戰」從市區到大肚山，兩種景致層次交疊；「自行車趣味闖關活動」沿著雅神綠園道路線邊走邊玩。為期兩天的嘉年華，有專為小孩設計的土坡追逐賽、交通安全教學營，以及超過四十攤的單車市集，不管是新手入門或想加強裝備，在這裡可以一次購足所有行頭。

騎在島嶼另一邊

East of Taiwan 花東海灣自行車漫旅

EAST OF TAIWAN

花東海岸美得令人目不轉睛，依照體力決定一天一七五K單點海景或兩天三二〇K山海全席。第一天台十一海岸線，靜浦北回歸線地標打卡後進入玉長公路，從海景切換成山脈模式。第二天鹿野出發，補足另一半台九線縱谷段，途經關山、池上、富里，金黃稻浪就在身旁。兩天的花東海灣自行車挑戰活動，包山包海完封東台灣，在騎乘路線裡，每天插旗八個站點打卡蓋章，會有加碼小驚喜。

四極點探路

Light up Taiwan 極點慢旅

LIGHT UP TAIWAN

抵達極東三貂角燈塔前，先克服陡坡練腳力。極北富貴角燈塔從白沙灣出發，A線騎過麟山鼻木棧道，連接雙灣自行車道；B線繞行金山，磺港漁港的公共浴室有鐵泉泡腳舒緩。極西國聖港燈塔，簡約風的黑白鐵塔造型，是四極點中距離省公路最遠，也最神祕難找。台二十六線旁極南的鵝鑾鼻燈塔，是全台唯一配備槍眼、壕溝的武裝燈塔。一路集點也不忘拍照記錄，再上線申請「Light up Taiwan 極點慢旅完騎認證」。

勇者之路

臺灣自行車登山王挑戰 KOM King of Mountain

KOM KING OF MOUNTAIN

史詩級的登山賽道被法國自行車雜誌《Le Cycle》譽為世界十大挑戰路線之一，也是台灣車友心目中的「單車國道一號」。從花蓮七星潭出發，經太魯閣到天祥的緩坡暖身，沿台八線一路向上，過了大禹嶺後的最後十公里，是被職業車手形容為「爬牆」一樣的七一〇公尺攀升，克服高山環境與體力極限，迎向台灣公路最高點合歡山「武嶺」。全程一〇五公里、海拔從〇到三二七五公尺的專業級賽事，連續八年吸引國內外好手參加。

註：活動詳情與路線規劃，請以交通部觀光局公告為準
www.taiwan.net.tw

國家圖書館出版品預行編目(CIP)資料
鐵馬款款行：十場自行車的隨心浪遊
/ 微笑台灣編輯團隊作. -- 第一版.
-- 臺北市：天下雜誌, 2019.12

144面； 19x24公分. -- (款款行；16)
ISBN 978-986-398-497-9(平裝)

1.腳踏車旅行 2.臺灣遊記

733.6 108019646

款款行016

鐵馬款款行 —— 十場自行車的隨心浪遊

總 編 輯／蕭錦綿
副總編輯／陳世斌
企劃主編／李佩書
特約主編／暖暖工作室
採訪記者／高嘉聆 張雅琳
攝　　影／林科呈 張界聰 陳彥霖 陳應欽 廖偉丞 羅正傑
美術設計／林汶瑢
插　　畫／劉馬力
執行編輯／何靜芬
整合傳播／白雲香 洪槐喬 林佳德

發行人／殷允芃
出版創意總監／蕭錦綿
出版者／天下雜誌股份有限公司　台北市104南京東路二段139號11樓
讀者服務／02-2662-0332
傳真／02-2662-6048
天下雜誌 GROUP 網址／ www.cw.com.tw
劃撥帳號／01895001天下雜誌股份有限公司
法律顧問／台英國際商務法律事務所・羅明通律師
製　　版／彩峰造藝印像股份有限公司
印　　刷／科樂印刷事業股份有限公司
裝　　訂／聿成裝訂股份有限公司

合作出版／交通部觀光局　台北市忠孝東路四段290號9樓 電話／(02)2349-1500
總 經 銷／大和圖書有限公司 電話／（02）8990-2588

出版日期／2019年12月04日第一版第一次印行
定價／新台幣420元

書號：BCTB0016P
ISBN：978-986-398-497-9
GPN：1010802213